Ortografía correcta
del italiano

Escuela de Idiomas De Vecchi
y Carla Franceschetti

ORTOGRAFÍA CORRECTA DEL ITALIANO

A pesar de haber puesto el máximo cuidado en la redacción de esta obra, el autor o el editor no pueden en modo alguno responsabilizarse por las informaciones (fórmulas, recetas, técnicas, etc.) vertidas en el texto. Se aconseja, en el caso de problemas específicos —a menudo únicos— de cada lector en particular, que se consulte con una persona cualificada para obtener las informaciones más completas, más exactas y lo más actualizadas posible. EDITORIAL DE VECCHI, S. A. U.

De Vecchi Ediciones participa en la plataforma digital **zonaebooks.com**
Desde su página web (www.zonaebooks.com) podrá descargarse todas las obras de nuestro catálogo disponibles en este formato.

Diseño gráfico de la cubierta: © *YES.*

Fotografías de la cubierta: © *Stephen Coburn/Fotolia.com y* © *Comstock/Getty Images.*

© Editorial De Vecchi, S. A. 2019
© [2019] Confidential Concepts International Ltd., Ireland
Subsidiary company of Confidential Concepts Inc, USA
ISBN: 978-1-64461-389-4

El Código Penal vigente dispone: «Será castigado con la pena de prisión de seis meses a dos años o de multa de seis a veinticuatro meses quien, con ánimo de lucro y en perjuicio de tercero, reproduzca, plagie, distribuya o comunique públicamente, en todo o en parte, una obra literaria, artística o científica, o su transformación, interpretación o ejecución artística fijada en cualquier tipo de soporte o comunicada a través de cualquier medio, sin la autorización de los titulares de los correspondientes derechos de propiedad intelectual o de sus cesionarios. La misma pena se impondrá a quien intencionadamente importe, exporte o almacene ejemplares de dichas obras o producciones o ejecuciones sin la referida autorización». (Artículo 270)

Índice

INTRODUCCIÓN.	9
SONIDOS Y SIGNOS	11
Las vocales	13
Las consonantes	13
Los dígrafos	14
Las letras *s* y *z*.	15
La letra *q*	17
La letra *m*.	18
La letra *n*	18
La letra *h*	18
Las letras *j*, *k*, *w*, *x*, e *y*	19
Las letra *j*.	19
La letra *k*.	20
La letra *w*.	20
La letra *x*	20
La letra *y*	21
El diptongo	21
El triptongo.	22
El hiato.	22
CÓMO UTILIZAR CORRECTAMENTE LOS ACENTOS	23
Acento agudo.	27

Acento grave 28
Acento circunflejo......................... 28
Acento fónico............................. 29

NATURALEZA Y PROPIEDADES DE LA SÍLABA 33
Silaba y acento 33
División silábica........................... 34
El apóstrofo 37
LA PUNTUACIÓN........................... 39
Los signos ortográficos 39
   Los puntos suspensivos................. 39
   Las comillas 41
   El guión 42
   El asterisco........................... 42
   La diéresis 42
   Los corchetes......................... 43
   Los paréntesis 43
Los signos de puntuación................... 43
   La coma............................. 43
   El punto y coma....................... 44
   Los dos puntos....................... 45
   El punto............................. 45
   La interrogación 45
   La exclamación........................ 46
   El guión largo o raya................... 46

GÉNERO DE LOS NOMBRES 47
Género de los nombres por su significado 47
Nombres epicenos 49
Género de los nombres por su terminación...... 50
Nombres que en español son femeninos
   y en italiano masculinos 52

Nombres que en español son masculinos y en italiano femeninos	53
Formación del femenino	55
NÚMERO DE LOS NOMBRES	57
Nombres invariables	57
Plural de los nombres acabados en *-io*	58
Plural de los nombres acabados en *-cia* y *-gia*	59
Plural de los nombres acabados en *-scia*	60
Plural de los nombres acabados en *-co* y *-go*	60
Nombres defectivos	61
Nombres con dos plurales de distinto género	61
Plural de los nombres compuestos	63
ALGUNAS PARTICULARIDADES PARA UTILIZAR Y ESCRIBIR CORRECTAMENTE LOS VERBOS	65
Verbos auxiliares	65
Tablas de conjugación de algunos verbos	68
Auxiliares *essere* y *avere*	68
Conjugación de los verbos regulares	72
Primera conjugación	72
Segunda conjugación	75
Tercera conjugación	77
Particularidades de la primera conjugación	79
Particularidades de la segunda conjugación	80
Particularidades de la tercera conjugación	81
Verbos regulares de uso común	82
Verbos irregulares	82
Verbos irregulares de la primera conjugación	82
Verbos irregulares de la segunda conjugación	84
Verbos irregulares de la tercera conjugación	88
CONSEJOS PARA LLEGAR A ESCRIBIR CORRECTAMENTE	91

Introducción

El lenguaje es la base de todo conocimiento. En todos los pueblos y culturas, el hombre incorporó, en un momento dado de su evolución, un sistema coherente de signos más o menos complejos que le permitió comunicarse con sus semejantes.

En un primer momento, el hombre pudo conceder un nombre a los seres y a los objetos que lo rodeaban mediante el lenguaje. Más adelante, el hecho de conocer el nombre de las cosas le permitió intercambiar informaciones acerca de ellas, lo que le sirvió para desarrollar un *pensamiento abstracto*. El saber adquirido pudo fijarse, perpetuarse y enriquecerse hasta el infinito, lo que dio paso a la elaboración de las ciencias, las técnicas, las artes... o, para resumirlo en una única palabra, a la *civilización*.

En la actualidad, basta con mirar alrededor para ser conscientes de la preponderancia de la escritura en la civilización occidental. Ni la aparición de la tecnología audiovisual ni la llegada de la informática han cambiado las cosas. De hecho, los faxes, los módems, las impresoras, los procesadores de textos y el *software* de reconocimiento vocal han perfeccionado la venerable pluma estilográfica y han confirmado la supremacía de la escritura.

En esta época de comunicación resulta fundamental poseer un conocimiento perfecto de la escritura de diversas lenguas, entre ellas la italiana, para transmitir informaciones de la forma más clara y precisa posible (redactar un informe, escribir una carta administrativa, etc.).

Esta obra tiene un objetivo claro: proponer al lector las grandes reglas ortográficas del italiano correcto y los principios fundamentales para la correcta redacción de un texto, independientemente de su naturaleza (misiva, noticia técnica, discurso, narración...).

Esta obra se dirige a aquellas personas que no pudieron o no quisieron profundizar en los estudios de lengua italiana y desean enriquecerlos, a aquellos que ya poseen conocimientos de italiano y desean fijar ciertas reglas o disipar ciertas dudas, y a todos aquellos que, simplemente, sienten curiosidad y amor por este idioma y su escritura. Todos ellos encontrarán las respuestas a sus preguntas en estas páginas.

EL EDITOR

*El signo * situado delante de un ejemplo indica que su formulación es incorrecta.*

Sonidos y signos

El hombre es un instrumento musical, el más sensible de todos. Con el acto de la respiración, sus pulmones hacen vibrar las cuerdas vocales y producen la voz. Las cavidades a las que se abre la glotis, que son la faringe, las fosas nasales y la boca —con paredes en su mayor parte elásticas—, constituyen la caja de resonancia que da el timbre a las vocales. Otros órganos más o menos móviles y elásticos, tales como el velo del paladar, la lengua, los dientes y los labios, modifican las dimensiones y la capacidad de dicha caja de resonancia. En la emisión de los sonidos participan, de una manera u otra, todos los órganos contenidos en el tórax: el diafragma, la pleura, el corazón y los pulmones.

Las vocales son notas musicales que se pronuncian variando la amplitud de la caja de resonancia en la que se expanden las ondas producidas por la vibración de las cuerdas vocales. Las vocales pueden ser más o menos abiertas o cerradas; pueden ser anteriores o palatales (e, i), posteriores o velares (o, u), nasales (si el velo del paladar no se cierra o se cierra sólo una parte de las fosas nasales, de manera que pasa más o menos aire). En algunos idiomas hay también vocales sordas.

Las consonantes son sonidos provocados por la mayor o menor restricción de la conducción del aire (consonantes aspiradas y fricativas), o incluso por la obturación del paso del aire. En este caso reciben el nombre de *consonantes oclusivas*, en concreto oclusivas labiales, dentales y, guturales, según el punto de oclusión. Las oclusivas pueden ser sonoras, si se pronuncian acompañadas por vibraciones de la glotis, o bien sordas.

Las consonantes están palatalizadas cuando a su timbre originario se añade otro obtenido con el aplastamiento de la lengua contra el paladar. Casi todos los idiomas tienen pocas palatales.

Los sonidos se emiten al pronunciar las vocales y las consonantes del alfabeto; el italiano está constituido por 21 letras, de la cuales cinco son vocales:

■ *a, e, i, o, u*

y 16 son consonantes:

■ *b, c, d, f, g, h, l, m, n, p, q, r, s, t, v, z*

Además, hay cuatro letras que no forman parte del alfabeto italiano, pero que intervienen en palabras de origen extranjero: *k (kappa), x (ics), y (ípsilon), w (vu doppio).*

El estudio de estos sonidos constituye la parte de la gramática que enseña a pronunciar y a escribir correctamente las palabras del discurso, y se llama *fonética*. Normalmente los lingüistas la divide en dos partes: ortoepía, o pronunciación correcta, y ortografía, o escritura correcta.

Conocer su funcionamiento es el primer paso para aprender a hablar y a escribir bien.

Las vocales

Los únicos casos de duda posible a la hora de pronunciar las vocales son los de la e y la o. ¿Cómo sabemos si se deben pronunciar abiertas o cerradas? Es muy sencillo, sólo hay que mirar el acento. Cuando la e o la o no llevan acento, se pronuncian casi siempre cerradas: *fertilità* (fertilidad), *beneficio* (beneficio). En cambio, si llevan acento, habrá que ver si este es agudo o grave. En el primer caso, la tilde, o acento gráfico, va de derecha a izquierda (´) y significa que la vocal debe ser pronunciada con un sonido cerrado: *perché* (porque), *órdine* (orden); en el segundo caso, la tilde va de izquierda a derecha (`) y se pone sobre las vocales cuyo sonido es abierto o largo: *pèrdite* (pérdidas), *fèrtile* (fértil).

Las consonantes

- Se clasifican según los órganos que las generan:

— labiales: *p, b, m, f, v*;
— dentales: *t, s, n, z, l, r*;
— velares: *c* (pronunciada k), *g, q*;
— palatales: *c* (pronunciada como la *ch* española), *g (gi, ge)*.

- Atendiendo a la musicalidad, se dividen en:

— consonantes sordas: si, más que un sonido, son el ruido producido por la emisión de aire, como *p, t, c, q, f* y también *s* y *z* sordas;
— consonantes sonoras: si van acompañadas de una vibración de las cuerdas vocales: *b, d, g, v, m, n* y también *s* y *z* sonoras.

La *c* y la *g* sirven para representar tanto el sonido velar como el palatal; el primero se obtiene con una *h* delante de *e*, *i*: *giochi* (juegos), *righe* (líneas); y el segundo, con una *i* delante de *a*, *o*, *u*: *cianfrusaglie* (baratijas), *ciò* (esto), *ciurma* (gentuza), *ciliegia* (cereza), *giaggiolo* (gladiolo).

La *s* y la *z* sirven para representar cada una de ellas dos sonidos: uno sordo, como el de *cosa* (cosa), *sale* (sal), *osso* (hueso), *pezza* (pieza), *milza* (bazo), *vizio* (vicio), y otro sonoro, como el de *rosa* (rosa), *uso* (uso), *poesia* (poesía).

Finalmente, en italiano existen unos sonidos consonánticos palatales que no tienen signos propios; son los equivalentes a la *ñ* (palatal) y a la *ll* (lateral) del español: *degno* (digno), *voglio* (quiero), y un sonido africado, es decir, con paso de aire continuado y con la lengua contra el centro del paladar (oclusión palatal), y que se oye en *scemo* (bobo) o en *sciame* (enjambre).

Los dígrafos

El dígrafo es la unión de dos letras para indicar un único sonido: por ejemplo, *gn* de *bagno* (baño), *ch* de *pochi* (pocos), *sc* de *scena* (escena). En cambio, no son dígrafos, sino que forman un simple grupo consonántico, dos letras que, al no encontrarse en las condiciones anteriores, no forman un único sonido, sino que conservan cada una su sonido independiente, como ocurre, por ejemplo, en *glicerina* [g-licerina] (glicerina).

En plural, cuando el dígrafo *sc* se encuentra a final de palabra, la *i* desaparece. Por tanto, se escribe *fasce* (faja, tira), y no **fascie* (un error muy frecuente). En las formas verbales *lascio*, *fascio*, etc., en la conjugación, al haberse perdido la *i*, se escribe: *lascino* (dejen), *fascino* (y no **lasciino* o **fasciino*); se escribe *lascerò* (y no **lascierò*), etc.

El dígrafo *gn* tiene la particularidad de comerse las vocales que siguen: es preferible decir, y escribir, *spagnolo* que *spagnuolo, y se debe escribir *ingegnere* en lugar de *ingegniere.

Sin embargo, el lector está en todo su derecho de sorprenderse si alguna vez se le ha corregido *bagnamo o *segnamo por *bagniamo* o *segniamo*. Esto ocurre porque en las conjugaciones de los verbos se procura, en la medida de lo posible, conservar íntegra la desinencia en la escritura, por una cuestión de claridad, a pesar de que esta no se perciba en la pronunciación.

Las letras *s* y *z*

Las consonantes *s* y *z* tienen dos sonidos muy distintos, claramente perceptibles en la pronunciación toscana: un sonido dulce (sonoro), como en *rosa* (rosa) o *zona* (zona), y uno áspero (sordo), como en *casa* (casa) o *azione* (acción). La escritura no diferencia estos dos sonidos. Sin embargo, los diccionarios suelen indicar esta diferencia: normalmente *s* y *z* sonoras se indican con ç y ʒ. La consonante *s* se pronuncia siempre sorda:

— en posición inicial de palabra seguida de vocal: *sabbia* (arena), *secco* (seco);
— cuando va seguida, ya sea al principio o en medio de palabra, *c, f, p, q, t: scàtola* (caja), *pésca* (melocotón), *disfatta* (derrota), *speranza* (esperanza), *ròspo* (sapo), *squalo* (tiburón), *Pasqua* (Pascua), *stampa* (prensa);
— cuando en medio de palabra va precedida de otra consonante: *àbside* (ábside), *psicologia* (psicología), *falso* (falso), *arso* (quemado);
— cuando es doble: *cassa* (cajón), *passo* (paso).

La consonante s se pronuncia siempre sonora cuando, al principio o en medio de palabra, va seguida de las consonantes *b, d, g, l, m, n, r, v*. Ejemplos: *sbaglio* (equivocación), *sdutto* (flaco), *sgranare* (desgranar), *sleale* (desleal), *smània* (manía, chifladura), *snello* (delgado), *prèsbite* (présbite), *trasvolare* (pasar rápidamente).

La s, seguida de una o más consonantes, tanto si está al principio de palabra como en medio, recibe el nombre de *s impura*. Esto significa que será impura la s de los siguientes grupos consonánticos: *sb, sc* (en los sonidos velares: *sca, sche, sco*...); *sc* en los sonidos palatales *sce, sci, sce*...); *sd, sp, sq, sbr, spr*, etc.

Las palabras que empiezan con s impura obedecen una serie de normas particulares, que relacionamos a continuación:

• Exigen siempre el artículo determinado en las formas masculinas: *lo* para el singular; *gli* para el plural, y el artículo indeterminado en la forma *uno*: *lo spago* (la cuerda), *gli spaghi* (las cuerdas), *lo scolaro* (el estudiante), *gli scolari* (los estudiantes), *uno spavento* (un susto), *uno scivolone* (un resbalón).

• Exigen las formas *bello* y *begli*, *quello* y *quegli*. Ejemplos: *bello studio, begli studi, quello scolaro, quegli scolari* (y no *bel studio, *bei studi, *quel scolaro, *quei scolari).

• No permiten la apócope de la palabra precedente. Debe decirse siempre: *quale spavento* (qué susto), *pulire specchi* (limpiar espejos), *Santo Stefano* (San Esteban), y no *qual spavento, *pulir specchi o *San Stefano.

• Por razones eufónicas, cuando la palabra que empieza con s impura va precedida de otra palabra terminada en consonante, se suele poner una *i* delante de la *s* impura: *in iscuola* (en la escuela), *per isbaglio* (por equivocación); esta *i* eufónica, no obstante, se emplea cada vez menos.

La letra *z* tiene dos sonidos, uno sordo y otro sonoro. El sonido sordo corresponde a una pronunciación próxima a *ts*: *zappa* (azada), *zucchero* (azúcar), *pazzo* (loco). El sonido sonoro tiene una pronunciación próxima al sonido *ds*: *zaino* (mochila), *zèro* (cero). Para la *z* no existen reglas fijas. En los casos de duda se debe consultar el diccionario.

La letra *q*

Pronunciada *cu*, como en español, es la décimo quinta letra del alfabeto, la décimo primera consonante, considerada en los dígrafos como velar muda.

En la escritura de las palabras se utiliza solamente unida a la vocal *u*, formando *qu*, que va siempre seguido de otra vocal con la que forma una sílaba: *qua, que, qui, quo*. La *u* no se acentúa nunca: *quàglia* (codorniz), *quésto* (este).

La letra *q* dobla el sonido mediante la consonante *c*, y forma así el grupo *cq*, que se lee como dos *c*: *àcqua* (agua), *acquisto* (adquisición), y no *aqua o *aquisto, como muchos escriben.

Sólo hay una palabra en italiano que dobla la letra *q*: *soqquadro* (trastorno, desconcierto).

Muchas personas poco avezadas en gramática no acaban de entender el uso de *cu* y *qu*, que en italiano, aparentemente, tienen el mismo sonido.

Se escribe *qua, que, qui, quo* cuando las dos vocales forman un único sonido: *quadro* (cuadrado), *quésto* (este), *quòta* (cuota). En cambio, se escribe *cua, cue, cui, cuo* cuando las dos vocales se pronuncian ligeramente diferenciadas: *innòcu-o* (inocuo), *taccu-ìno* (agenda), *cu-òco* (cocinero).

La letra *m*

Recordemos que, dentro de una palabra, delante de las consonantes *b* y *p* sustituye, por eufonía, a *n*; por tanto, debe decirse *compiacènza* (complacencia), *combàttere* (luchar), *implume* (implume).

La letra *n*

Por eufonía, delante de las consonantes *b* y *p* se convierte en una *m*. Por tanto, debe decirse *imbucare* (meter en un agujero), en lugar de *in-bucare; *impostare* (plantear), en lugar de *in-postare.

Delante de las consonantes *r* y *l* se asimila: *irregolare* (irregular), en lugar de *in-regolare; *irrómpere* (irrumpir), en lugar de *in-rompere; *illazione* (indiferencia), en lugar de *in-lazione.

La letra *h*

En italiano la letra *h* tiene dos funciones: convierte en guturales los sonidos de las letras *c* y *g* delante de las vocales *e, i*: *chilo* (kilo), *ghisa* (fundición); también tiene una función diacrítica, es decir, la *h* sirve para diferenciar palabras que se pronuncian igual, pero tienen un significado diferente. Un ejemplo del segundo caso son algunas formas del verbo *avere* (haber): *ho, hai, ha, hanno*, para distinguirlas de las vocales *o* y *a*, de la contracción *ai* y del sustantivo *anno*. (La escritura con *h* es preferible a las formas acentuadas que algunos usan en el caso del verbo *avere*: *ò, ài, à, ànno*).

Por otro lado, se usa la letra *h* en las exclamaciones *ah, ahi, eh, ih, oh, ohi, uh, deh* (forma anticuada), *toh*; en algunos nombres extranjeros italianizados, como por ejemplo *havaiano* (hawaiano), *haitiano* (haitiano), *hegheliano* (hegeliano); y, por último, en algunos nombres de persona y topónimos, como *Theòdoli* y *Santhià*.

Las letras *j*, *k*, *w*, *x* e *y*

La letra *j*

La *j* aparece generalmente en palabras extranjeras, sobre todo en nombres propios y apellidos; se pronuncia como una *i* larga.

Antiguamente se utilizaba como la vocal *i*, especialmente a final de palabra, y también como consonante, para distinguir la *i* consonántica de la *i* vocálica: *jugo-slavo* (yugoslavo), *librajo* (librero). Por lo que respecta a la función vocálica, la Academia de la Crusca aceptó la *j* para sustituir las dos íes en el plural de los nombres que en singular terminan en *-io*: *studj* (estudio), *vizj* (vicio). Pero la escritura moderna tiende a abandonar este uso y utiliza la *i*. Así pues, la letra *j* se conserva exclusivamente en algunos nombres propios: *Majno, Rajna*; en voces dialectales y en palabras francesas como *abat-jour* (pantalla), que forman parte del léxico común.

La letra *k*

En italiano antiguo, se usaba mucho para representar el sonido velar de la *c*. Hoy en día persiste en nombres propios extranjeros y en palabras provenientes de otros idiomas, por ejemplo *folklore* (folclore), *poker* (póquer), *kamikaze* (kamikaze).

Naturalmente, se conserva la *k* en los nombres propios extranjeros: *Kant, Kepler*, y en los adjetivos derivados *(kantiano, kepleriano)*, pero podemos suprimirla en las palabras italianizadas como *cachi* (caqui), *chimono* (quimono), etc.

La letra *w*

Se encuentra en el vocabulario italiano en algunas palabras extranjeras como *whisky* (whisky), *water* (váter). En las palabras que ya han sido asimiladas, la *w* se sustituye normalmente por una *v*: *vermut* (vermú), *vàlzer* (vals). Como símbolo, la *W* (mayúscula) indica «oeste», la unidad de potencia vatio y, cuando aparece pintada en una pared, la consigna popular *evviva!* (¡viva!), con su opuesto en posición invertida *M* para indicar *abasso!* (¡abajo!).

La letra *x*

Normalmente se pronuncia *ics*. Es una letra de los alfabetos griego y latino que en italiano se encuentra en pocos apellidos de origen dialectal: *Bixio, Oxilia*. En estos, sin embargo, suena como una *s* sorda y, por tanto, se debe leer *Bissio, Ossilia*.

Normalmente es de género femenino (una *ics*), y raramente masculino (un *ics*), según se considere una «letra» o un «signo». Siempre es femenina y se escribe en minúscula cuando se refiere a una «cosa desconocida» (derivado de la fórmula matemática en donde la *x* simboliza la cantidad indeterminada). En cambio, siempre es masculina y se escribe en mayúscula cuando significa persona no determinada; por ejemplo: *Non vorrei scambiarti per un X qualsiasi* (No quisiera tomarte por uno cualquiera).

La letra *y*

Deriva del griego y se abandonó en italiano porque realizaba la misma función que la letra *i*. En algunos casos la vocal *i* sustituye a la *y* en palabras extranjeras asimiladas: *iarda* (yarda), y no **yarda*; *iprite* (gas mostaza), y no **yprite*.

El diptongo

A veces las vocales *i*, *u* se pronuncian tan unidas a otra vocal que forman un único sonido, llamado *diptongo*: *liéto* (contento), *flàuto* (flauta), *piano* (despacio), *fiore* (flor).

En estos casos, la función de la *i* y de la *u* es más próxima a la de consonante que a la de vocal. De ahí el nombre de *semivocal* que se les da cuando forman parte de un diptongo.

También puede producirse un diptongo con la unión de *i* e *u*: *più* (más), *guida* (guía), *fiume* (río).

Los diptongos *uo*, *ie*, que pueden estar al final de sílaba acentuada, en lugar de las vocales simples *o*, *e*, reciben el nombre de *móviles*: *buòno/bòno* (bueno), *intiero/intero* (entero).

En la lengua hablada, y también en la escrita popular, es decir, en los escritos en los que se refleja el lenguaje común, la frecuencia de estos diptongos va disminuyendo.

Si la palabra se transforma de manera que el acento deja de recaer en el diptongo, este desaparece: de *nuovo* (nuevo) deriva *novità* (novedad); se escribe *piède* (pie), pero el adjetivo es *pedestre* (pedestre); el sustantivo es *miele* (miel), pero el adjetivo es *melato* (dulce). Sin embargo, esta norma tiene varias excepciones: *lieto, lietamente* (alegre, alegremente); *piede, piedino* (pie, piececillo); *pietra, pietruzza* (piedra, pedrezuela). *Nuotare* (nadar) conserva el diptongo para no confundirse con *notare* (notar).

El triptongo

Al juntarse una vocal con dos semivocales se obtiene un triptongo: *mièi* (míos), *buòi* (bueyes), *bestiuola* (bicho).

El triptongo es sólo aparente en vocablos como *spogliai* (desnudé) y *cominciai* (empecé), pues la *i* es muda y sirve para pronunciar correctamente la consonante anterior. Por ejemplo, *spogliai* en realidad se pronuncia [spollái], no [spolliai] (no hay triptongo, a pesar de verse tres vocales juntas). La *i* y la *u* son meros signos gráficos.

El hiato

Es el encuentro de dos vocales con dos sonidos distintos, es decir, el fenómeno contrario al diptongo. Se produce hiato, y no diptongo:

— al coincidir dos vocales fuertes: *poeta* (poeta), *boato* (bramido);
— al coincidir una vocal débil con una vocal fuerte cuando la primera lleva acento: *paùra* (miedo).

Cómo utilizar correctamente los acentos

Al hablar, no pronunciamos todas las sílabas de una palabra con la misma intensidad y energía, sino que apoyamos la voz más en una sílaba que en las otras. Esta entonación más fuerte y prolongada es el acento o, mejor dicho, el acento tónico (del griego *tonos*, que significa «la extensión de la voz»).

Cada palabra tiene un acento y la sílaba en la que recae se llama *tónica* (las sílabas restantes son átonas, es decir, sin tono).

Dado que todas las palabras tienen un acento, conviene decir de inmediato que el italiano es uno de los idiomas en los que se usa menos el acento gráfico, o tilde. Llevan tilde obligatoriamente las palabras agudas, como *andrà* (irá), *trentatrè* (treinta y tres), *Marilù*, etc., y, como explicaremos más adelante, determinados monosílabos para diferenciarlos de otros de idéntica escritura pero con otro significado.

En referencia a la «avaricia» del italiano en el uso de los acentos, es curiosa la anécdota protagonizada por el escritor Alfredo Panzini. Este se lamentaba de que la escasez de acentos del idioma italiano dificultaba el aprendizaje de la pronunciación de las palabras italianas a los extranjeros (y no sólo a ellos).

Un buen día Panzini publicó un libro en cuyo título se insinuaban las intenciones del autor: *Viàggio di un pòvero letterato* (Viaje de un pobre letrado). Su intención era observar las diferentes reacciones de los italianos ante un libro en el que prácticamente todas las palabras estaban acentuadas. El resultado fue que el libro se quedó en las estanterías de las librerías. Más tarde, el autor lo volvió a publicar, esta vez sin acentos, y el libro gustó y se vendió.

En realidad, no es el idioma italiano el que rechaza los acentos; quienes lo hacen son los propios italianos, a los que les molesta, por decirlo de algún modo, la presencia de la tilde sobre las palabras.

De todos modos, hay una serie de casos en que, guste o no, la tilde es obligatoria.

Son casos en los que su omisión puede generar equívocos gramaticales.

Las palabras más propensas al equívoco son los monosílabos.

Se acentúan los monosílabos siguientes:

ché = conjunción
dà = del verbo *dare* (dar)
dài = del verbo *dare* (dar)
dì = sustantivo
è = del verbo *essere* (ser)
là = adverbio
lì = adverbio
né = conjunción negativa
sé = pronombre
sì = partícula afirmativa
tè = sustantivo

No se acentúan:

- *che* = en cualquier significado que no sea conjunción causal
- *da* = preposición
- *dai* = contracción
- *di* = preposición
- *e* = conjunción
- *la* = artículo o pronombre
- *li* = pronombre
- *ne* = pronombre
- *se* = conjunción o pronombre
- *si* = pronombre
- *te* = pronombre

También se usa el acento:

• En los monosílabos en los que hay más de una vocal y la última tiene que ir acentuada. Por ejemplo: *più* (más), *già* (ya), *piè* (pie), *ciò* (esto), *può* (puede). Constituyen una excepción *qui* (aquí, acá) y *qua* (aquí, acá), que nunca se acentúan.

• En todos los casos en los que su ausencia podría generar equívocos de significado. Si decimos a alguien *Era un uomo fedele ai suoi principi* (era un hombre fiel a sus principios), puede haber la duda de que sea fiel a sus ideas o bien a los príncipes (de la casa real), ya que en italiano *princípi* significa «principios» y *príncipi*, «príncipes».

Si escribimos *Il marinaio ha gettato l'ancora* (El marinero ha echado el ancla), aun sin llevar acento, todo el mundo entenderá de qué se trata, y nadie confundirá *ancora* (ancla) con el adverbio *ancora* (todavía). Del mismo modo, si decimos *I figli mi danno molte preoccupazioni* (Los hijos me dan muchas preocupaciones), es evidente que *danno* (dan) es una forma del verbo *dar*, y en ningún caso se puede confundir con el sustantivo *danno* (daño).

De estos ejemplos se deduce la norma siguiente: si la confusión causada por la ausencia de acento es solamente aparente y se puede despejar gracias al contexto, la tilde no es indispensable, aunque no constituiría un error ponerla: *Il marinaio ha gettato l'àncora; I figli mi dànno molte preocupazioni*.

Recapitulando, podemos decir que, exceptuando los casos de las palabras agudas y los monosílabos de la lista anterior, el uso del acento gráfico está ligado a la necesidad de facilitar al lector la comprensión exacta del vocablo.

Además de *príncipi/princípi* y de *àncora/ancora*, hay otras palabras cuyos significados cambian según si el acento recae en una u otra sílaba.

ambíto
participio del verbo *ambire* (ambicionar, desear)

àmbito
nombre masculino singular (ámbito, círculo)

balía
nombre femenino singular (poder, potestad) y locución adverbial *in balía di* (a la merced)

bàlia
nombre femenino singular (nodriza)

canóne
aumentativo de *perro* (perrazo)

cánone
nombre masculino singular (canon, regla)

compíto
participio de *compire* (cumplido)

còmpito
nombre masculino singular (tarea)

nettàre
infinitivo (limpiar)

nèttare
nombre masculino singular (néctar)

La tilde, o acento gráfico, que es el signo que marca la posición dentro de la palabra del acento tónico, puede tener diferentes formas:

— acento agudo (´);
— acento grave (`);
— acento circunflejo (^).

Acento agudo

Se escriben con acento agudo:

— los finales de la 3.ª persona del singular del pretérito indefinido: *batté* (batió), *concedé* (concedió);
— *ché* (abreviación de *perché*) y todas las conjunciones formadas con *ché*: *benché* (aunque), *poiché* (puesto que), *giaché* (ya que);
— la conjunción negativa *né* (ni) y el pronombre personal *sé* (sí).

A este respecto, recordaremos la polémica sobre la conveniencia de suprimir la tilde de *sé* cuando va seguido de *stesso* o *medesimo* (sí mismo). Durante mucho tiempo se consideró más correcto escribir *se stesso* y *se medesimo* sin acento, dejando este último para la forma plural *sé stessi* (ellos mismos), para evitar la confusión con la forma verbal condicional del verbo *stare*: *Verrei se stessi bene* (Vendría si estuvieras bien). Sin embargo, actualmente, volviendo a la escuela de Puoti, se tiende a prescindir de estas diferenciaciones, y las gramáticas modernas sugieren escribir *sé* acentuado, incluso cuando va seguido de *stesso* o *medesimo*, si bien escribirlo sin acento no se considera un error.

Acento grave

Se escriben con acento grave:

— los sustantivos *tè* (te), *caffè* (café), *lacchè* (lacayo), *bebè* (bebé);
— los monosílabos *piè* (forma apocopada de *piede*, pie), *diè*, *stiè*;
— la 3.ª persona del singular del presente del verbo *ser* (*è*), y también *cioè* (esto es, es decir);
— todas las palabras agudas acabadas en -*a*: *verità* (verdad), *pietà* (piedad), *città* (ciudad), y en *o*: *cantò* (cantó), *giocò* (jugó), *può* (puede).

Acento circunflejo

Hay quien todavía utiliza el acento circunflejo, aunque hoy en día tiende a desaparecer. Sólo se puede poner acento circunflejo en los casos siguientes:

— para indicar una contracción de dos vocales en una: *vôto*, en lugar de *vuoto* (vacío), y casos parecidos;
— para indicar síncopa, es decir, la supresión de una sílaba dentro de un vocablo: *fêro* por *fecero* (hizo);
— para indicar apócope, es decir, la supresión de una sílaba a final de palabra: *fûro* por *fúrono* (eran).

No obstante, en estos tres casos el acento circunflejo no resulta necesario y se puede sustituir por acentos grave o agudo, según los casos.

En cambio, es más común el uso del circunflejo para indicar la contracción de los nombres con -*io* átono (no acentuado): *varî* por *varii*, *vizî* por *vizii*, *omicidî* por *omicidii*. También en estos casos el circunflejo es, en la práctica, un signo inútil, ya que basta una simple *i* cuando no hay posibilidad de confusión (*vari, vizi, estudi,* etc.). Cuando el significado de una palabra no queda claro, es aconsejable usar la doble *i*. Este es el caso de *assassini*, plural de *assassino* (asesino), que pasa a ser *assassìnii* cuando es el plural de *assassinio* (asesinato). En otros casos será suficiente con usar la tilde para evitar equívocos; por ejemplo, para formar el plural de la palabra *príncipe* diremos *príncipi*, mientras que para el plural de *princípio* diremos *princípi*.

Acento fónico

Hemos hecho referencia al acento tónico, que pasa a ser gráfico cuando se expresa con uno de los tres signos indicados. Queda por decir algo sobre el acento fónico, es decir, el que determina el timbre de la vocal. Este acento afecta a dos vocales: la e y la o. Estas vocales pueden llevar un acento fónico agudo o grave, lo cual dará lugar a una e cerrada o abierta o a una o cerrada o abierta.

Algunas palabras llanas pueden cambiar de significado según si el sonido de las vocales en cuestión es cerrado o abierto. Veamos algunos ejemplos:

— *afférto* es la 1.ª persona del singular del presente de indicativo del verbo *affettare* (rebanar), mientras que *affètto* es un sustantivo masculino singular (afecto);
— *ésca* es un sustantivo singular, que se traduce como «mecha, cebo», mientras que *èsca* es la 3.ª persona del singular del presente de subjuntivo y del imperativo del verbo *uscire* (salir).

• Asimismo, se dice: *Si tratta di una norma di légge* (Se trata de una norma de ley) y *Carlo lègge un libro* (Carlo lee un libro).

• *Mésse* es el participio pasado femenino plural de *mettere* (meter), y también el plural de *méssa* (misa). Ninguno de los dos tiene nada que ver con la *mèsse* (sustantivo femenino singular), que significa «mies, cosecha».

• También se dice *Siamo in vénti* (Somos veinte), en donde *vénti* es adjetivo numeral. En cambio, cuando se dice *I vènti delle coste sono forti* (Los vientos de las costas son fuertes), *vènti* es sustantivo.

• El arte de pescar es la *pésca* y, por tanto, se dice: *Io pesco* (pesco). Pero mientras estoy pescando puedo comer una *pèsca*, es decir, un melocotón.

• El recipiente que contiene el vino es la *bótte* (la bota), pero si se bebe demasiado vino se corre el riesgo de acabar *a bòtte* (a trompazos) con alguien.

• Obsérvese la diferencia entre *cólto*, participio pasado de *coltivare* (cultivar), y *còlto*, participio pasado de *cogliere* (recoger).

• El agujero que, por ejemplo, se hace en una pared es el *fóro*, y no tiene nada que ver con el *fòro*, en el sentido de foro o tribunal.

• La 3.ª persona del singular del imperfecto de subjuntivo del verbo *essere* es *fósse* y el plural de *fossa* (foso, zanja), *fòsse*.

• La 3.ª persona del singular del pretérito indefinido del verbo *porre* (poner) es *póse*, pero *pòse* es el plural de *posa* (pausa, parada).

• *Maria è rósa* (participio pasado de *rodere*) *dall'invidia* (María está corroída por la envidia). La *ròsa*, en cambio, es la flor.

• Existe la palabra *scópo*, 1.ª persona del singular del presente de indicativo del verbo *scopare* (barrer), y el sustantivo *scòpo* (finalidad, objetivo).

• Veamos dos verbos: *scorrere* y *scorgere*. La 3.ª persona del singular del pretérito indefinido del primero es *scórse* y la del segundo, *scòrse*.

• Y también:

— *tórre* (torre), sustantivo femenino singular, y *tòrre*, contracción del infinitivo *togliere* (quitar);
— *tórta* (tarta), sustantivo femenino singular, y *tòrta*, participio pasado femenino del verbo *torcere* (torcer);
— *vólgo* (vulgo, plebe), sustantivo masculino singular, y *vòlgo*, 1.ª persona del singular del presente de indicativo del verbo *volgere* (girar).

El problema es saber si se debe poner o no el acento fónico (agudo o grave) en la e y en la o. Normalmente, no se pone, si gracias al contexto el significado de la palabra resulta claro.

En cambio, se considera necesario cuando la frase es ambigua y puede generar dudas en quien la lee o la escucha.

La cuestión de si la e y la o deben pronunciarse abiertas o cerradas no es tan simple como parece, al margen naturalmente de los casos citados, para los cuales no hay lugar a dudas. Como se sabe, la referencia es siempre la pronunciación florentina y, de un modo más amplio, la toscana. Sin embargo, dentro de la Toscana se registran diferencias; por ejemplo, *maèstro* y *maéstro* (maestro), *schiètto* y *schiétto* (sencillo, leal), *casèrma* y *casérma* (cuartel, caserna). Los florentinos, por ejemplo, pronuncian *ammétto*, mientras que en Empoli y en Pisa se dice *ammètto* (admito).

Existe una particularidad que afecta a los sufijos -*oio*, -*oia*: la o siempre es cerrada, como en *tettóia* (toldo, cobertizo), *lavatóio* (lavadero), etc. No obstante, si *oio, oia* no son sufijos, tienen sonido abierto: *nòia* (fastidio, aburrimiento), *bòia* (verdugo).

Naturaleza y propiedades de la sílaba

Sílaba y acento

Una o más letras que se pronuncian en una sola emisión de voz constituyen una sílaba. Cuando termina en vocal, la sílaba es abierta: *ro-ma-no*; cuando termina en consonante, se dice que es cerrada: *gran-dez-za*.

En el capítulo dedicado a la acentuación hemos visto que en las palabras hay siempre una sílaba cuya vocal se pronuncia con más intensidad que las otras: esta mayor intensidad viene dada por el acento tónico. La vocal en la que recae dicho acento es tónica, y por eso mismo recibe el nombre de *tónica* la sílaba que la contiene. Las otras vocales y sílabas de una palabra, en las que no recae el acento, son átonas.

Según su acentuación, las palabras se dividen en:

— agudas: el acento recae en la última vocal: *virtù* (virtud), *può* (puede), *verità* (vedad); *venerdì* (viernes);
— llanas: la sílaba tónica es la penúltima: *amore* (amor), *pièno* (lleno), *sentiménto* (sentimiento);
— esdrújulas: la sílaba tónica es la antepenúltima: *ràpido* (rápido), *artícolo* (artículo), *velocíssimi* (muy veloces);

— sobresdrújulas: la sílaba tónica es anterior a la antepenúltima: *càpitano* (ocurren), *svèntolano* (ventilan).

Atendiendo a su constitución, una palabra puede ser:

— monosílaba, cuando está formada por una sola sílaba: *se* (si), *tu* (tú), *già* (ya);
— bisílaba, cuando está formada por dos sílabas: *tre-no* (tren), *so-lo* (sólo);
— polisílaba, cuando está formada por tres o más sílabas: *so-li-ta-rio* (solitario), *a-mo-re-vo-le* (cariñoso).

Dos o más consonantes consecutivas forman sílaba, normalmente, con la vocal que sigue: *a-stro* (astro), *re-clu-so* (recluso), *rè-pro-bo* (réprobo). Pero si la primera de estas consonantes es *l, m, n, r*, entonces esta se une a la vocal que la precede y la segunda, a la que la sigue: *él-mo* (yelmo), *am-pio* (amplio), *dén-tro* (dentro), *bar-ba* (barba).

Si las consonantes son dobles, la primera se une a la sílaba precedente y la segunda, a la sílaba siguiente: *mez-zo* (medio), *am-maz-za-re* (matar), *sas-so* (piedra), *ab-bat-tu-to* (abatido). La misma norma es aplicable a los grupos consonánticos *cq* y *qq*: *ac-qua* (agua), *soq-qua-dro* (trastorno, desconcierto).

División silábica

En ciertos casos, al llegar al final de la línea es preciso dividir la palabra por falta de espacio, para continuar en el renglón siguiente. Esta operación suscita dudas en muchas personas. Veamos cuáles son las normas para dividir correctamente las palabras a final de línea.

• La partición de una palabra al final de la línea se realiza por sílabas.

Hay que tener en cuenta que el diptongo y el triptongo no se dividen, pues forman una sola sílaba: *Lau-ra*, *lie-to* (contento). En cambio, dos vocales que forman hiato se hallan en sílabas separadas: *le-a-le* (también se puede decir *lea-le*).

• Por razones de estética conviene evitar dividir la palabra, a final de renglón, por la primera sílaba. Así, por ejemplo, no sería adecuada la partición siguiente: *o-nore* (honor).

No es un error, sino una inconveniencia estética, que debe ser evitada siempre que sea posible.

Por otro lado, no todo el mundo reconoce un diptongo o un hiato; por eso, la costumbre de evitar la partición después de la primera sílaba puede resolver dudas.

Dado que el posible hiato permite la partición por donde se quiera (por ejemplo: *le-a-le* o *lea-le*), la costumbre de no cortar después de la primera sílaba salvará al escritor inexperto.

• Todavía a propósito de los diptongos, los prefijos *ri-* y *re-*, con un valor de acción repetida o reforzada, seguidos de vocal no forman diptongo, como en el caso de *riandare*: *ri-andare* (volver a ir, revisar). En cambio, cuando *rio* no es prefijo, como en *rione* (barrio), la partición es *rio-ne*, siguiendo la norma.

• En el caso de los prefijos que forman una sílaba por ellos mismos *(ben, in, mal, cis, di, pos, trans, tras)*, la palabra se puede dividir siguiendo la norma general o bien dejando sin partir el prefijo. Veamos algunos ejemplos:

— *inabile* (inhábil, incapaz): *i-nabile*, o bien *in-abile*;
— *malaugurio* (mal agüero): *ma-laugurio*, o bien *mal-augurio*;
— *cisalpino* (cisalpino): *ci-salpino*, o bien *cis-alpino*;
— *dispiacere* (disgusto): *di-spiacere*, o bien *dis-piacere*;
— *posposizione* (posposición): *po-sposizione*, o bien *posposizione*;
— *transatlantico* (transatlántico): *tran-satlantico*, o bien *trans-atlantico*;
— *Trastèvere* (parte de Roma situada detrás del río Tíber): *Tra-stèvere*, o bien *Tras-tèvere*.

• En el caso de palabras que contienen consonantes dobles, una de ellas se agrega a la primera sílaba y la otra, a la segunda: *dilet-to* (dilecto, deleite), *mol-la* (muelle), *mas-so* (roca).

• La consonante que va detrás de una líquida *(l, r)* o nasal *(m, n)* no se une a esta, sino a la de detrás, con la que forma sílaba: *bel-va* (fiera), *mar-ca* (marca), *em-pio* (impío), *man-to* (manto, capa).

• Normalmente, los grupos de consonantes que empiezan con *b, c, d, f, g, p, s, t* forman sílaba con la vocal que va detrás: *so-fi-sti-ca-re* (adulterar), *mé-tri-co* (métrico), *ca-pri-cor-no* (capricornio)

• Algunos grupos de consonantes *(bs, gm)* se separan siempre en sílabas contiguas. Es el caso de *ab-si-de* (ábside), *enig-ma-ti-co* (enigmático).

• En cuanto a los números escritos en cifras, hay que prestar atención a no partirlos nunca al final de línea: o cabe todo el número al final, o se pasa entero a la línea siguiente.

El apóstrofo

Cuando la vocal final de una palabra se suprime por el contacto con la vocal inicial de la palabra que sigue, nos hallamos ante una elisión, que se indica con un apóstrofo. ¿En qué consiste la elisión en palabras simples? Es el fenómeno por el cual la vocal final de una palabra no se pronuncia, es decir, se elimina, porque la palabra siguiente también empieza por vocal, y en ella puede apoyarse la última consonante de la palabra elidida; por ejemplo: *l'anima* (el alma), en lugar de *la anima*.

La elisión es especialmente frecuente en algunos monosílabos, como *mi, si, ci, vi, ne, lo, la, gli, le, che*. Es más, es obligatoria con los artículos *lo* y *la* delante de todas las vocales: *l'onore* (el honor), *l'umile* (el humilde), *l'isola* (la isla).

Por el contrario, la *i* de la partícula *ci* se elide generalmente sólo delante de *i*: *Nel fango c'inginocchiammo… Ci abbracciammo agli altari* (Carducci) (En el barro nos arrodillamos… Nos abrazamos a los altares). En ciertos casos (como *vi, gli*, etc.) es preferible conservar la partícula entera para evitar equívocos fonéticos, como *c'ispira/ci spira*.

Le, con el significado de *a lei*, no se elide nunca; se dice *le invio* (le envío), y no **l'invio*.

En el caso de *gli*, se elide sólo delante de *i*: *gl'ideali* (los ideales) y *che*, normalmente delante de e: *lo ch'ero* (Yo que era). Al igual que *che*, también pueden elidirse *perché, benché, poiché*, a pesar de que la é lleve acento.

Los plurales no eliden, normalmente, la vocal final si no es delante de otra vocal igual. Así, se escribe *quant'inganni* (cuántos engaños), pero no *quant'esami*, sino *quanti esami* (cuántos exámenes).

El apóstrofo, no obstante, no siempre indica una elisión. Además de en los diptongos reducidos *(a', de', que')*, se emplea cuando el truncamiento de una sílaba deja una vocal al final de palabra, como ocurre en *mo' (modo)* (modo), *to' (togli)* (quitas), *be' (bene)* (bien), *me' (meglio)* (mejor), *po' (poco)* (poco), *ve' (vedi)* (ves), *ma' (mali)* (malo), *fe' (feci)* (hice), *de' (devi)* (debes), *vo' (voglio)* (quiero). Casi todas estas expresiones, sin embargo, están superadas en el uso normal.

Se utiliza el apóstrofo en el imperativo de *dire* (decir): *di'*, mientras que *dì*, en el sentido de *giorno* (día), conserva el acento del latín *díes*. Los imperativos *da', fa', sta', va'* son el truncamiento de las formas toscanas *dài* (das), *fai* (haces), *stai* (estás), *vai* (vas), que se han ido imponiendo también fuera de la Toscana.

La puntuación

Para que un escrito sea claro y fácil de leer, el texto debe tener unas pausas que faciliten el ritmo y permitan una lectura razonablemente rápida. Los elementos de la lengua italiana que sirven para puntuar el discurso son:

— los signos ortográficos: el acento, el apóstrofo, los puntos suspensivos, las comillas, el guión, el asterisco, la diéresis, los corchetes y los paréntesis;
— los signos de puntuación: la coma, el punto y coma, los dos puntos, el punto, el signo de interrogación, el signo de exclamación y el guión largo o raya.

Los signos ortográficos

Los puntos suspensivos

Los puntos suspensivos (…) son tres puntos con los que se interrumpe una frase, que será reanudada inmediatamente después o que quedará incompleta. Se usan:

• Para marcar una pausa en una frase dubitativa, o movida por algún sentimiento, casi como imitando la respiración interrumpida por la ansiedad: *Non saprei se monsignore illustrissimo… in questo momento… si trovi… sia… possa… Basta, vado a vedere* (Manzoni) (No sé si monseñor ilustrísimo… en este momento… se encuentra… está… puede… Basta, voy a ver).

• Para omitir algo que no se quiere o no se puede decir: *Veramente… se vossignoria illustrissima sapessi… che intimazioni… che comandi terribili ho avuto di non parlare…* (Manzoni) (Realmente… si su señoría ilustrísima supiera… qué intimaciones… qué órdenes terribles he tenido que callar…).

• Para corregir o modificar un pensamiento ya expresado: *Di Lecco siete? Di Lecco… cioè del territorio* (Manzoni) (¿De Lecco sois? De Lecco… es decir, del país).

• Porque se duda en decir algo que parece demasiado grave, y que luego se acaba diciendo igualmente: *Mi tocca a vedere e a sentire cose…! Cose di fuoco!* (Manzoni) (Me toca ver y oír cosas… ¡Cosas de fuego!).

• Para indicar una interrupción brusca del discurso: *«Se avete bisogno di danari» disse Renzo «ho qui tutti quelli che m'avete mandati, e…» «No, no», interruppe la vedova* (Manzoni) («Si necesitáis dinero —dijo Renzo—, aquí tengo todo el que me habéis enviado, y…». «No, no», interrumpió la viuda).

• Para indicar, en las citas textuales, que se omite una palabra o un fragmento del original: *Nel mezzo del cammin di nostra vita / Mi ritrovai per una selva oscura…* (Dante) (En el medio del camino de nuestra vida / Me encontré en una selva oscura…).

Después de puntos suspensivos no se escribe mayúscula, excepto cuando cierran definitivamente el periodo: *Ma parlerò io a la madre badessa, e una mia parola... e per una premura del padre guardiano... Insomma do la cosa per fatta* (Manzoni) (Ya hablaré yo con la madre abadesa, y una palabra mía... y por una premura del padre guardián... En definitiva, doy la cosa por hecha).

El lector debe recordar que no es de buen gusto sobrecargar un escrito con puntos suspensivos innecesarios. Este signo debe usarse sólo cuando sea necesario, y en el lugar correcto.

Las comillas

En italiano, las comillas, que son un signo ortográfico doble, pueden ser de dos tipos:

— bajas (« »);
— altas (" ").

Se utilizan en los siguientes casos:

• Para delimitar una cita.

• Al principio y al final del discurso directo. Por ejemplo: *Disse: «Sono venuto» e sorrise...* (Dijo: «He venido» y sonrió...).

• Al principio y al final de una frase que se piensa. Por ejemplo: *«Bisogna decidersi», pensò la mamma. E poi rivolgendosi al ragazzo: — Andiamo, dimmi la verità — disse* («Hay que decidirse», pensó mamá. Y a continuación, dirigiéndose al chico, dijo: «Vamos, dime la verdad»). En este ejemplo queda claro el uso del guión largo para introducir las frases de los diálogos; las comillas sirven tanto para los diálogos como para las frases pensadas.

El guión

El guión (-) sirve para indicar:

— la partición de una palabra al final de línea;
— la unión de ciertas palabras compuestas, como *guerra russo-giaponese* (guerra ruso-japonesa);
— la unión de los prefijos latinos *ex* o *extra*: *ex-ministro* (ex ministro).

El asterisco

El asterisco (*), del griego *asteriskos*, (pequeño astro, estrellita), a veces sustituye los puntos suspensivos o indica una separación clara entre las partes de un escrito.

En otros casos se usa para referirse a una palabra que es necesario silenciar: *Le truppe quella notte passarono da **** (Las tropas aquellas noches pasaron de ***). En este caso se pueden usar tres o cuatro asteriscos.

Se utiliza el asterisco, asimismo, para las llamadas de las notas al pie.

La diéresis

La diéresis (¨), del griego *diàresis*, indica la división de un diptongo en dos sílabas, es decir, la pronunciación en sílabas distintas de dos vocales contiguas que forman una sola sílaba. La diéresis se coloca sobre la primera vocal débil del diptongo: *viò-la* (dos sílabas) con la diéresis se convierte en *vïola* y se parte en tres sílabas *(vi-ò-la)*.

Los corchetes

Los corchetes ([ ]) se usan para insertar, en un texto, cualquier aclaración, explicación…, por parte del transcriptor de la cita: «*Scrive [il Cagnoni] come sogliono scrivere i toscani, cioè male (gli ho un po` rammendato la lingua e la sintassi) e ragiona, ragiona, meglio, addipana ragioni come un arcolaio*» (Carducci) (Escribe [Cagnoni] como suelen escribir los toscanos, es decir, mal (le he apañado un poco el idioma y la sintaxis) y razona, razona, mejor, devana razones como un asta).

Los paréntesis

Los paréntesis son un signo de puntuación doble que se usan para enmarcar un inciso que se intercala dentro de un enunciado. También pueden emplearse para circunscribir el signo voladito de una nota a pie de página, o las letras y los números de una relación.

Los signos de puntuación

La coma

La coma (,) indica una pausa breve dentro del enunciado. Se emplea en los siguientes casos:

— antes y después del vocativo: *Avanti, signori, c'è posto* (Pasen, señores, hay sitio);
— en las repeticiones y las enumeraciones cuando se quieren ordenar bien los elementos y precedida por e, para reforzar: *E va, e viene, e non sta mai fermo* (Y va, y viene, y no está nunca quieto);
— para enmarcar incisos, aposiciones explicativas y similares, que son como las partes accesorias de un discurso principal: *Roma, capitale d'Italia, è una città piena di fascino* (Roma, capital de Italia, es una ciudad llena de fascinación);
— en las repeticiones de palabras regidas por un verbo principal: *I nemici furono fatti prigioneri, spogliati, torturati, uccisi* (Los enemigos fueron hechos prisioneros, desnudados, torturados, matados).

En los demás casos, cada uno debe confiar en su gusto e instinto, aunque es conveniente que estén refinados por la lectura de buenos escritores.

El punto y coma

El punto y coma (;) indica una pausa más larga que la coma y sirve para separar varios elementos de un mismo concepto sin interrumpir su unidad: *Si mise a guardare quel paesaggio di sogno; poi lentamente cominciò a sorridere, immerso nei suoi pensieri* (Se puso a mirar aquel paisaje de ensueño; luego lentamente empezó a sonreír, inmerso en sus pensamientos).

El uso del punto y coma no está regulado por unas leyes estrictas, sino que depende del estilo y el gusto de quien escribe.

Los dos puntos

Los dos puntos (:) marcan una pausa en el texto mayor que la coma, pero menor que la del punto. Se emplean en los siguientes casos:

— antes de una cita textual, si se reproduce en estilo directo: *Mi disse: «Ora non posso più tacere»* (Me dijo: «Ahora ya no puedo callarme»);
— antes de una enumeración de cosas o ideas: *Ogni borsa contiene: una cuffia, un paio di occhialini da nuoto ed una bibita isotonica* (Cada bolsa contiene: un gorro, un par de gafas de natación y una bebida isotónica);
— a modo de nexo entre oraciones cuando la idea siguiente es una explicación o refuerzo de la precedente: *Vedremo che cosa saprai fare: attendo la tua prova* (Veremos lo que sabes hacer: espero que me lo demuestres).

El punto

El punto (.) señala una pausa larga que marca el final de un enunciado. Después del punto empieza un periodo nuevo, siempre con mayúscula.

La interrogación

La interrogación (?) es el signo de puntuación con el que, en italiano, se cierra una frase interrogativa: *Come stai?* (¿Cómo estás?).

A veces, se acompaña con el signo de exclamación cuando se quiere dar a la oración un tono de sorpresa, de maravilla: *Ma come hai potuto far questo?!* (¡¿Cómo has podido hacer esto?!).

Después de un signo de interrogación, cuando cierra totalmente la oración, se escribe mayúscula.

La exclamación

La exclamación (!) es el signo de puntuación con el que se cierra una frase exclamativa, de sorpresa, de dolor, de amenaza: *Com'è bello! Che rabbia! Anna, va' via!* (¡Qué bonito! ¡Qué rabia! ¡Ana, vete!).

No olvidemos que el signo de exclamación contiene un matiz enfático, por lo que debe usarse con cautela.

El guión largo o raya

El guión largo o raya (—) se considera tanto un signo ortográfico como de puntuación. En el primer caso sirve para delimitar el discurso directo; como signo de puntuación, se usa para enmarcar un inciso que no quedaría suficientemente recalcado con el uso de comas: *La tavola — apparecchiata con molta cura dalla madre — splendeva en tutta la sua bellezza* (La mesa, que la madre había puesto cuidadosamente, resplandecía con toda su belleza).

A veces se emplea la raya para separar con más claridad dos ideas que lógicamente van separadas: *Questo volume si divide en due parti: prima parte, teorica — parte seconda, practica* (Esta obra se divide en dos partes: la primera parte, teórica; la segunda, práctica).

Género de los nombres

En italiano, el género de los nombres se determina teniendo en cuenta su significado y, si se desconoce, atendiendo a su terminación:

Género de los nombres por su significado

Los sustantivos son masculinos, o pertenecen al género masculino, cuando designan personas del sexo masculino, así como algunas profesiones y actividades: *Carlo* (Carlos), *sarto* (sastre).

También son masculinos los nombres de animales macho: *asino* (asno), *cane* (perro).

Se da el caso de nombres que en castellano son masculinos y en italiano, femeninos: *la guardia* (el guardia), *la sentinella* (el centinela), *la vedetta* (el vigía), *la maschera*, (el acomodador), *la recluta* (el recluta).

Y otros nombres que, siendo de género femenino, se aplican a personas de ambos sexos: *la guida* (el guía y la guía), *la spia* (el espía y la espía).

Otros sustantivos que también se consideran masculinos son, por ejemplo, *il soprano* (la soprano), *il contralto*, (la contralto), *il mezzo soprano* (la mezzosoprano). Estos sustantivos que representan actividades artístico-musicales de la mujer se consideran hoy, en Italia, debido a un uso recientemente generalizado, como pertenecientes al género masculino, y se acompañan del correspondiente artículo masculino: *Toti Dal Monte era un grande soprano* (Toti Dal Monte era un gran soprano).

Son femeninos, o pertenecen al género femenino, aquellos sustantivos que designan personas del sexo femenino, así como profesiones y actividades que les son propias: *Concetta* (Concepción), *ragazza* (muchacha), *cuoca* (cocinera).

También son femeninos los nombres de animales hembra: *lupa* (loba), *gatta* (gata).

Los nombres de árboles frutales son casi siempre masculinos: *il pero* (peral), *il mandorlo* (almendro), *il melo* (manzano), *il pesco* (melocotonero); mientras que sus frutos son, por lo general, femeninos: *la pera* (pera), *la mela* (manzana), *la pesca* (melocotón), *la mandorla* (almendra). No obstante, hay excepciones; por ejemplo, algunos casos de frutos masculinos son: *l'ananasso* (piña), *il pistacchio* (pistacho), *il limone* (limón), *il lampone* (frambuesa), *il fico* (higo). Y algunos árboles femeninos, como *l'acacia* (magnolia).

Por otro lado, ciertos frutos tienen el nombre distinto de la planta: *la quercia* (encina) produce *la ghzánda* (bellota); *la vate* (vid), *l'uva* (la uva); *la palma* (palmera), *il dattero* (el dátil).

Los nombres de mares, montes y lagos suelen ser masculinos: *il Medaterraneo* (el Mediterráneo), *il Gzúra, i Pa'rinei, il Trasz'meno* (el Trasimeno), *il Garda* (el Garda); aunque se encuentran también algunos grandes montes femeninos, como *le Alpa* (los Alpes) y *le Ande* (los Andes).

Los nombres de islas son casi todos femeninos: *la Sicilia* (Sicilia), *la Corsica* (Córcega), *le Baleari* (Baleares). Se exceptúa *Madagascar*, que es masculino: *il Madagascar*.

Los nombres de ríos son masculinos: *il Tevere* (Tíber), *il Po* (Po), *il Reno* (Rin), pero a veces se tornan femeninos los acabados en -*a* o -*e*: *la Senna* (Sena).

Los nombres de los meses y de los días de la semana son masculinos: *il Febbraio* (febrero), *il lunedì* (lunes). Se exceptúa *domenica* (domingo), que en italiano es femenino.

Nombres epicenos

Se trata de nombres que, con un solo género gramatical, designan a seres de los dos sexos: *il corvo* (cuervo), *la iena* (hiena).

En los casos en que se precisa determinar el sexo, se añade la palabra *maschio* o *femmina* (macho o hembra), y se dice, pues: *il corvo maschio, il corvo femmina* (el cuervo macho, el cuervo hembra); *la iena maschio, la iena femmina* (la hiena macho, la hiena hembra), o simplemente *il corvo e il corvo femmina* (el cuervo y el cuervo hembra); *la iena e la iena maschio* (la hiena y la hiena macho). Lo mismo ocurrirá con *la tigre* (tigre), *la volpe* (zorra), *il falco* (halcón), *il coniglio* (conejo), todos ellos animales que sólo tienen especificado un género. En último término, puede recurrirse a la expresión *il maschio della iena* (el macho de la hiena), *la femmina del falco* (la hembra del halcón), etc.

En otros casos, la terminación del nombre del animal no indica si es macho o hembra, como sucede en el caso de *lepre* (liebre), y sólo es posible averiguarlo por el artículo o por algún adjetivo: *il lepre* (la liebre macho), *la furba lepre* (la astuta liebre). Son los llamados *nombres comunes de dos*.

Comunes de dos son también muchos sustantivos, no propios ya de animales sino de personas, que acaban en -*e* y algunos en -*a*: *cantante* (cantante), *custode* (tutor), *artista* (artista), *erede* (heredero), *collega* (colega), *lavorante* (trabajador), *dilettante* (aficionado), *nipote* (sobrino o nieto), *violinista* (violinista), *parricida* (parricida). Estos sustantivos aceptan tanto el artículo masculino *i* como el femenino *la*.

Sin embargo, lo más corriente es que el doble género corresponda a una diversidad de significado, y no de sexo, como ocurre, por ejemplo, en *fine*: *la fine* significa «el fin o final de una cosa, término, etc.», mientras que *il fine* se refiere al «objeto de una cosa o acción». A continuación citamos algunos otros ejemplos: *l'oste* (el posadero o mesonero, el dueño de una hostería u hostal)/*la oste* (hueste, ejército), *il fonte* (el bautismo)/*la fonte* (manantial, fuente), *il camerata* (camarada)/*la camerata* (dormitorio, lugar donde duermen los soldados o los colegiales), *il trombetta* (el corneta)/*la trombetta* (la corneta), *il pianeta* (astro)/*la pianeta* (indumentaria sacerdotal, casulla).

Género de los nombres por su terminación

Generalmente son masculinos los nombres que terminan en -*o*: *libro* (libro), *soldato* (soldado). Y femeninos los acabados en -*a*: *sedia* (silla), *donna* (mujer).

Pero se exceptúan algunos nombres, en su mayoría derivados del griego, como *boia* (verdugo), *capoccia* (cabecilla), *despota* (déspota), *dramma* (drama), *tema*

(tema), *dogma* (dogma), *monarca* (monarca), *pirata* (pirata), *patriota* (patriota), *pilota* (piloto), *problema* (problema), *analfabeta* (analfabeto), *teorema* (teorema), *anatema* (anatema), *vaglia* (cheque), *clima* (clima), *dilemma* (dilema), *poema* (poema), *sistema* (sistema), etc., que son masculinos.

En cuanto a los nombres terminados en -e, unos son masculinos, como *padre* (padre), *sole* (sol), *orefice* (joyero) y *celibe* (soltero), pero muchos otros son femeninos: *madre* (madre), *pace* (paz), *legge* (ley), *notte* (noche).

Los nombres terminados en -i generalmente son masculinos: *brindisi* (brindis), *tranvai* (tranvía), *lunedi* (lunes), *colibri* (colibrí), aunque bastantes derivados del griego son femeninos: *diocesi* (diócesis), *estasi* (éxtasis), *analisi* (análisis), *metropoli* (metrópoli), *dieresi* (diéresis), *necropoli* (necrópolis), etc. *Eclissi* (eclipse) es de género neutro, aunque prevalece la forma masculina. Y *genesi* (génesis) es femenino, pero se usa en masculino cuando se refiere al primer libro de la Biblia: *Il Genesi* (el Génesis).

Los nombres terminados en -u son femeninos: *virtù* (virtud), *gioventù* (juventud), *gru*, (grulla, grúa). Sólo algunos de origen extranjero son masculinos: *caucciù* (caucho), *zebù* (cebú).

Casi todos los nombres de cosas que acaban en consonante, terminación que no es italiana, son masculinos: *il lapis (lápiz)*, *il gas* (gas).

Son numerosos los nombres de cosas que tienen dos terminaciones, una masculina acabada en -o y otra femenina que termina en -a, y que de ordinario expresan conceptos, ideas u objetos diferentes: *baleno* (relámpago)/*balena* (ballena), *collo* (cuello)/*colla* (cola), *colpo* (golpe)/*colpa* (culpa), *costo* (coste)/*costa* (costa), *lotto* (lotería)/*lotta* (lucha), *tappo* (tapón)/*tappa* (etapa).

En otras ocasiones, las dos terminaciones varían ligeramente el matiz de una misma idea u objeto: *buco, buca* (agujero); *fósso, fossa* (foso o fosa); *foglio, foglia* (hoja); *punto, punta* (punta); *nuvolo, nuvola* (nube); *spillo* (un simple alfiler), *spilla* (alfiler de broche, joya).

Nombres que en español son femeninos y en italiano masculinos

l'affronto (la afrenta)
l'ago (la aguja)
l'alibi (la coartada)
l'allarme (la alarma)
l'alveare (la colmena)
l'aneddoto (la anécdota)
l'argento (la plata)
il baccanale (la bacanal)
il bacino (la cuenca)
il batterio (la bacteria)
il benvenuto (la bienvenida)
il boa (la boa)
il burro (la mantequilla)
il calcio (la coz, la patada)
il calesse (la calesa)
il camino (la chimenea)
il carcere (la cárcel)
il carciofo (la alcachofa)
il carico (la carga)
il cassettone (la cómoda)
il catino (la palangana)
il cavolfiore (la coliflor)
il cavolo (la col)
il cerino (la cerilla)
il cocomero (la sandía)
il compito (la tarea)
il conto (la cuenta)
il contrordine (la contraorden)
il coperchio (la tapa)
il costume (la costumbre)

il covone (la gavilla)
il crine (la crin)
il cucchiaio (la cuchara)
il culmine (la cumbre)
il debito (la deuda)
il dubbio (la duda)
il fallimento (la quiebra)
il fallo (la falta)
il fiele (la hiel)
il fiore (la flor)
il flauto (la flauta)
il ginocchio (la rodilla)
il gregge (la grey)
il guanciale (la almohada)
il guscio (la cáscara)
l'inchiostro (la tinta)
l'intrigo (la intriga)
il lampone (la frambuesa)
il latte (la leche)
il legno (la madera)
il legume (la legumbre)
il lenzuolo (la sábana)
il letto (la cama)
il lombrico (la lombriz)
il lotto (la lotería)
il marciapiedi (la acera)
il mento (la barbilla)
il miele (la miel)
un miglio (una milla)
il naso (la nariz)

il nastro (la cinta)
un nonnulla (una nonada)
il nulla (la nada)
il nuoto (la natación)
il pasto (la comida)
il pendío (la pendiente)
il pepe (la pimienta)
il polpaccio (la pantorrilla)
il polpastrello (la yema del dedo)
il pomeriggio (la tarde)
il proclama (la proclama)
il raccolto (la recolección, la cosecha)
il ragno (la araña)
il ramo (la rama)
il rasoio (la navaja)
il ribasso (la rebaja)
il ricevimento (la recepción)
il salasso (la sangría)
i sandali (las sandalias)
il sangue (la sangre)
lo schioppo (la escopeta)
lo sciopero (la huelga)
il segnale (la señal)
il serpente (la serpiente)
il sidro (la sidra)
lo sguardo (la mirada)
lo smeraldo (la esmeralda)
il soprano (la soprano)
il sospetto (la sospecha)
lo stivale (la bota)
lo stratagemma (la estratagema)
il tartufo (la trufa)
il tasto (la tecla)
il tavolino (la mesita)
il tavolo (la mesa)
il teschio (la calavera)
il topo (la rata)
il torchio (la prensa)
il tovagliolo (la servilleta)
il tradimento (la traición)
il tuorlo (la yema del huevo)
l'ufficio (la oficina)
il vaccino (la vacuna)
il vaiolo (la viruela)
il vantaggio (la ventaja)
il vespro (la víspera)
il viso o *il volto* (la cara)

Nombres que en español son masculinos y en italiano femeninos

l'acquavite (el aguardiente)
l'alluvione (el aluvión)
l'anitra (el pato o el ánade)
l'appendice (el apéndice)
l'aria (el aire)
l'aringa (el arenque)
l'ascella (el sobaco)
l'attrattiva (el atractivo)
l'automobile (el automóvil)
la banana (el plátano)
la busta (el sobre)
la calamita (el imán)
la canapa (el cáñamo)
la canfora (el alcanfor)
la caramella (el caramelo)
la carrozza (el coche)
la carta (el papel)
la carta geografica (el mapa)
la cartuccia (el cartucho)
la chiocciola (el caracol)
la cioccolata (el chocolate)
la cognizione (el conocimiento)
la colazione (el desayuno)
la collana (el collar)
la cometa (astr.) (el cometa)
la conoscenza (el conocimiento)

la consolazione (el consuelo)
la corazzata (el acorazado)
la cornice (el marco)
la coscia (el muslo)
la credenza (el aparador)
la crociera (el crucero marítimo)
la cura (el cuidado,
  el tratamiento médico)
la cute (el cutis)
la domenica (el domingo)
l'eco (el eco)
l'estasi (el éxtasis)
l'estate (el verano)
la ferrovia (el ferrocarril)
la forchetta (el tenedor)
la frenesía (el frenesí)
la frode (el fraude)
la gota (el carrillo)
la grandine (el granizo)
la grondaia (el alero)
la guardaroba (el ropero)
le imposte (o *tasse*)
  (los impuestos)
le imposte della finestra
  (los postigos)
l'insonnio (el insomnio)
la manna (el maná)
la matita (el lápiz)
la meteora (el meteoro)
la milza (el bazo)
la molla (el muelle)
la nicchia (el nicho)
la noia (el aburrimiento)
l'oasi (el oasis)
l'officina (el taller)
la palpebra (el párpado)
la parentesi (el paréntesis)
la pergamena (el pergamino)
la pesca (el melocotón)
la polveriera (el polvorín)
la posata (el cubierto)
la posta (el correo)

la predica (el sermón)
la quietanza (el finiquito)
la recluta (el recluta)
la ricevuta (el recibo)
la ruggine (el orín)
la saliera (el salero)
la scarpa (el zapato)
la sciabola (el sable)
la segala (el centeno)
la segatura (el serrín)
la sentinella (el centinela)
la sfida (el desafío o el reto)
la sfumatura (el matiz)
la siepe (el seto)
la sigaretta (el cigarrillo)
la soglia (el umbral)
la sorgente (el manantial)
la spalla (el hombro)
la spazzola (el cepillo)
la spesa (el gasto)
la spilla (el alfiler)
la staffa (el estribo)
la stanza (el cuarto)
la stiratura (el planchado)
la sveglia (el despertador)
la talpa (el topo)
la tasca (el bolsillo)
la tastiera (el teclado)
la tempra (el temple)
la tettoia (el cobertizo)
la tigre (el tigre)
la tovaglia (el mantel)
la uniforme (el uniforme)
la valanga (el alud)
la valle (el valle)
la vedetta (el vigía)
la vernice (el barniz)
la vettura (el coche)
la via Crucis (el vía crucis)
la vite (el tornillo)
la zanzara (el mosquito)
la zavorra (el lastre)

Formación del femenino

• Los nombres propios de persona que en masculino acaban en -e, -i, -o forman el femenino en -a:

Giovanni/Giovanna (Juan/Juana)
Agostino/Agostina (Agustín/Agustina)

• Los nombres comunes siguen la misma regla siempre que el masculino termine en -o o -iere:

il gatto/la gatta (el gato/la gata)
il maestro/la maestra (el maestro/la maestra)
il cugino/la cugina (el primo/la prima)
il consigliere/la consigliera (el consejero/la consejera)

• Los nombres terminados en -tore forman el femenino en -trice:

il pittore/la pittrice (el pintor/la pintora)
lo scrittore/la scrittice (el escritor/la escritora)

• Muchos nombres que acaban en -a, -e, -ore forman el femenino en -essa:

il poeta/la poetessa (el poeta/la poetisa)
il duca/la duchessa (el duque/la duquesa)
il principe/la principessa (el príncipe/la princesa)
il sacerdote/la sacerdotessa (el sacerdote/la sacerdotisa)
il dottore/la dottoressa (el doctor/la doctora)
il professore/la professoressa (el profesor/la profesora)

• Hay nombres de persona terminados en -cida e -ista que, para el singular, tienen una forma común a ambos géneros:

l'artista (el/la artista)
l'omicida (el/la homicida)
il/la violinista (el/la violinista)
il/la ciclista (el/la ciclista)

Pero para formar el plural siguen la regla general:

gli artisti/le artiste (los/las artistas)
gli omicidi/le omicide (los/las homicidas)
i violinisti/le violiniste (los/las violinistas)
i ciclisti/le cicliste (los/las ciclistas)

• Hay otros nombres que forman su femenino del siguiente modo:

dio/dea (dios/diosa)
eroe/eroina (héroe/heroína)
re/regina (rey/reina)
gallo/gallina (gallo/gallina)

• Algunos sustantivos forman el femenino con una palabra distinta, pues proceden ambas de raíces diferentes:

uomo/donna (hombre/mujer)
maschio/femmina (macho/hembra)
padre/madre (padre/madre)
fratello/sorella (hermano/hermana)
genero/nuora (yerno/nuera)
marito/moglie (marido/mujer)
celibe/nubile (soltero/soltera)
bue/vacca (buey/vaca)
montone/pecora (carnero/oveja)
becco/capra (chivo/cabra)
porco/scrofá, troia (cerdo/cerda)
cane/cagyza (perro/perra)

Número de los nombres

Un sustantivo que se refiere a un único ser, ya sea persona, animal o cosa, pertenece al género singular, por ejemplo: *uomo* (hombre), *cavallo* (caballo), *treno* (tren). Y un sustantivo que se refiere a varios seres pertenece al género plural: *uomini* (hombres), *cavalli* (caballos), *treni* (trenes).

La formación del plural es uno de los puntos más escabrosos del idioma italiano.

No faltan reglas para construir el plural de los nombres, pero son tantas las excepciones que ahogan las propias reglas. En cualquier caso, intentaremos aclarar este controvertido tema dando una serie de indicaciones prácticas.

Nombres invariables

Son los que tienen la misma terminación tanto para el singular como para el plural, y son los siguientes:

— sustantivos agudos: *la virtù/le virtù* (la virtud/las virtudes), *il lunedì/i lunedì* (el lunes/los lunes);

- sustantivos acabados en consonante, que suelen ser nombres extranjeros, de origen latino o de raíz culta: *il lapis/i lapis* (el lápiz/los lápices); *lo sport/gli sport* (el deporte/los deportes), y no **gli sports*, como muchos escriben; *il tram/i tram* (el tranvía/los tranvías);
- nombres monosílabos: *il tè/i tè* (el té/los tés); *il re/i re* (el rey/los reyes);
- nombres cuyo singular acaba en *-i*: *il brindisi/i brindisi* (el brindis/los brindis), *la tesi/le tesi* (la tesis/las tesis);
- algunos nombres masculinos acabados en *-a*: *il boia/i boia* (el verdugo/los verdugos), *il vaglia/i vaglia* (el cheque/los cheques);
- algunos nombres acabados en *-ie*: *la specie/le specie* (la especie/las especies), y no **le speci*; *la serie/le serie* (la serie/las series). Sin embargo, el plural de *moglie* (esposa) es *mogli* (esposas), y *superficie* (superficie), además de la forma regular del plural *le superficie* (superficies), también tiene la forma irregular *le superfici* (superficies);
- algunos nombres relacionados con la técnica, de raíz culta: *la radio/le radio* (la radio/las radios), *la dinamo/le dinamo* (la dinamo/las dinamos);
- nombres masculinos acabados en *-a*: *Andrea/gli Andrea*;
- apellidos: *i Colonna* (los Colonna), *i Rossi* (los Rossi).

Plural de los nombres acabados en *-io*

Los nombres que tienen la *i* tónica, es decir, aquellos en los que la *i* y la *o* forman hiato, como por ejemplo *zìo* (tío), *brusìo* (alboroto) y *mormorìo* (murmullo), tienen el plural totalmente regular, de manera que sustituyen la desinencia -o por -i: *zìi* (tíos), *brusìi* (alborotos), *mormorìi* (murmullos).

En cambio, los nombres acabados en -io con la *i* átona (por tanto, la *i* y la *o* constituyen diptongo), como *occhio* (ojo) y *armadio* (armario), forman el correspondiente plural eliminando la *o* de la desinencia del singular: *occhi* (ojos), *armadi* (armarios).

Cuando existe alguna posibilidad de confusión, se aconseja usar la doble *i* final, o bien poner el acento gráfico; así, el plural de *principio* será *principii* o *princípi* y el de *príncipe*, *príncipi*.

Plural de los nombres acabados en *-cia* y *-gia*

Cuando la *i* de las terminaciones -*cia* y -*gia* lleva acento, esta se conserva en el plural: *farmacìa/farmacìe* (farmacia/farmacias), *bugìa/bugìe* (mentira/mentiras).

Cuando la *i* de las terminaciones -*cia* y -*gia* no lleva acento, la norma es la siguiente:

— la *i* átona de la terminación se conserva en el plural si -*cia* y -*gia* van precedidas de vocal, como por ejemplo en *audacia/audacie* (audacia/audacias), *acacia/acacie* (acacia/acacias), *régia/régie* (alcázar/alcázares);
— por el contrario, la *i* se suprime si la letra que precede las terminaciones -*cia* y -*gia* es una consonante, como por ejemplo en *lancia/lance* (lanza/lanzas), *frangia/frange* (mecha/mechas). Constituyen excepciones a esta regla *pronuncia* (pronunciación) y *provincia* (provincia), cuyos plurales también pueden ser *pronuncie* (pronunciaciones) y *provincie* (provincias), respectivamente.

Plural de los nombres acabados en *-scia*

Puesto que en este caso la *i* actúa como un simple signo gráfico, no hay razón alguna para que se conserve en el plural. Por tanto, escribiremos siempre *fasce* (vendas, pañales), *strisce* (tiras, cintas), *bisce* (serpientes), *galosce* (galocha).

Plural de los nombres acabados en *-co* y *-go*

• Los nombres acabados en *-co* forman el plural unos en *-ci* y otros en *-chi*. Generalmente forman el plural en *-chi* las palabras llanas: *affresco/affreschi* (fresco/frescos), *buco/buchi* (agujero/agujeros), *cieco/ciechi* (ciego/ciegos). Las palabras esdrújulas, en cambio, forman el plural en *-ci*: *medico/medici* (médico/médicos), *canonico/canonici* (canónigo/canónigos).
 Sin embargo, hay algunas excepciones: las palabras llanas *amico* (amigo), *nemico* (enemigo), *greco* (griego), *porco* (cerdo) forman el plural en *-chi*: *amici, nemici, greci, porci*; en cambio, algunas esdrújulas como *carico* (cargado), *strascico* (arrastramiento) y *valico* (paso) forman el plural en *-chi*: *carichi, strascichi, valichi*.

• En cuanto a las palabras acabadas en *-go*, solamente la práctica puede sugerir la forma legítima; de todos modos, se puede observar que el plural en *-ghi* es el más frecuente.

• Los sustantivos acabados en *-logo* forman el plural en *loghi*, como *dialogo/dialoghi* (diálogo/diálogos), excepto los que terminan en *-òlogo* referidos a personas, tales como *teòlogo/teòlogi* (teólogo/teólogos) o *filòlogo/filòlogi* (filólogo/filólogos). Esto mismo es válido para los nombres acabados en -fago, como *antropòfago/antropòfagi* (antropófago/antropófagos).

• Muchos de los sustantivos acabados en -co y -go tienen un plural doble: *traffici* y *traffichi* (tráficos); *stomaci* y *stomachi* (estómagos); *manici* y *manichi* (mangos); *sarcofagi* y *sarcofaghi* (sarcófagos).

En los casos dudosos, conviene consultar un buen diccionario.

Nombres defectivos

Son aquellos que carecen de singular o de plural. No tienen singular, por ejemplo: *nozze* (bodas), *occhiali* (gafas), *stoviglie* (vajilla), *busse* (azotes), *spezie* (especias), *dintorni* (alrededores). Y no tienen plural: *domani* (mañana), *buio* (oscuro), *zinco* (zinc).

Nombres con dos plurales de distinto género

Existen sustantivos cuyo plural lo constituyen dos formas con distinto género gramatical. Tienen formas diferentes en el singular y en el plural, o en sólo uno de los dos números: *frutto* (fruto), *frutti, frutta, frutte*; *dito* (dedo), *diti, dita*; *lenzuolo* (sábana), *lenzuoli, lenzuola*.

Entre estas formas casi siempre hay una diferencia de significado. A continuación, veremos los nombres de este tipo de uso más común. Para los demás, aconsejamos consultar el diccionario.

• B*raccio* (brazo) tiene los plurales *braccia* y *bracci*: *Mauro ha delle belle braccia* (Mauro tiene unos buenos brazos), *L'isola sorge fra due stretti bracci di mare* (La isla surge entre dos estrechos brazos de mar).

• *Ciglio* (pestaña/margen) tiene los plurales *ciglia* y *cigli*: *Mariuccia ha le ciglia bionde* (Mariucha tiene las pestañas rubias), *Passeggiavo lungo i cigli del campo* (Paseaba junto a los márgenes del campo).

• *Corno* (cuerno) forma los plurales *corna* y *corni*: *un bue dalle corna molto lunghe* (un buey con cuernos muy largos), *i corni di caccia* (los cuernos de caza).

• *Dito* (dedo) presenta los plurales *dita* y *diti*. *Dita* se usa en sentido genérico: *Il pianista ha dita bellisime* (El pianista tiene dedos muy bonitos). En cambio, *diti* se utiliza cuando se especifica el nombre del dedo: *i diti medi, pollici* (los dedos medios, pulgares).

• *Filo* (hilo) forma los plurales *fili* y *fila*: *I capelli della mia bambina sembrano fili d'oro* (Los cabellos de mi hija parecen hilos de oro), *Cicerone scoprì le fila della congiura* (Cicerón descubrió los hilos de la conjura).

• *Fondamento* (fundamento) tiene los plurales *fondamenta* y *fondamenti*: *le fondamenta di una casa* (los cimientos de una casa), *Tu non parli bene perché non hai buoni fondamenti d'italiano* (Tú no hablas bien porque no tienes buenos fundamentos de italiano).

• *Ginocchio* (rodilla) en plural puede ser *ginocchia* o *ginocchi*, indistintamente, pero el segundo va ganando cada vez más terreno. En ningún caso se debe decir *ginocchie*, que es una forma totalmente errónea.

• *Labbro* (labio) forma el plural *labbra* en sentido propio: *Sogno di baciare le sue labbra* (Sueño con besar sus labios), y *labbri* en sentido figurado: *Questo vaso ha i labbri scheggiati* (Este vaso tiene los labios [bordes] resquebrajados).

• *Membro* (miembro) forma el plural *membra* en sentido propio: *le membra del corpo umano* (los miembros del cuerpo humano), y *membri* en sentido figurado: *Tutti i membri del governo erano presenti* (Todos los miembros del gobierno estaban presentes).

• *Osso* (hueso) forma el plural *ossa* si se considera todo el esqueleto en su conjunto, y *ossi*, cuando se toman los huesos aisladamente o también en su conjunto, pero de animales pequeños: *ossi di coniglio* (huesos de conejo).

• *Sopracciglio* (ceja) tiene dos formas en plural, *sopracciglia* y *sopraccigli*, que se pueden usar indistintamente; cuidado, es incorrecto decir **sopracciglie*.

• *Urlo* (grito) tiene los plurales *urla* (cuando es un grito de hombre) y *urli* (también del hombre, pero más a menudo de los animales y del viento).

Plural de los nombres compuestos

El idioma italiano permite la formación de nombres compuestos, producto de la unión de dos palabras. Estas dos palabras pueden ser dos sustantivos: *capoluogo* (capital de comarca), *arcobaleno* (arco iris); un sustantivo y un adjetivo: *francobollo* (sello), *terracotta* (barro cocido); un sustantivo y un verbo: *passacarte* (chupatintas), *portabagaglie* (portaequipajes); dos verbos: *dormiveglia* (duermevela); o un verbo y un adverbio: *posapiano* (hombre tranquilo).

Las soluciones a veces se explican por razones de fonética. Por ejemplo, es difícil que alguien diga *archibaleni*, porque el oído nos pide *arcobaleni*.

En los nombres compuestos por dos sustantivos, en los que uno actúa a modo de predicado del otro, parece natural que sólo la parte más significativa del nombre tenga la desinencia del plural. Así, tendremos *capostazione/capistazione* (jefes de estación) y *caporeparto/capireparto* (jefes de departamento), porque en estos casos el concepto *capo* es el más importante. En cambio, diremos *capolavoro/capolavori* (obras maestras), *capoluogo/capoluoghi* (capitales de comarca) y *capocuoco/capocuochi* (jefes de cocina), dando más importancia a los términos *lavoro*, *luogo* y *cuoco*.

En el caso de los nombres formados por un sustantivo más un adjetivo, normalmente se añade la desinencia del plural a ambos formantes: *acquaforte/acqueforti* (aguafuerte, aguafuertes).

En los nombres formados por un adjetivo que precede a un sustantivo, normalmente sólo forma plural este último: *francobollo/francobolli* (sello).

Los nombres formados por dos verbos o un verbo y un adverbio, como *dormiveglia* y *posapiano*, son invariables.

Por último, en los nombres compuestos de una parte invariable (preposición, adverbio) y un sustantivo, este último tiende a no formar el plural: *il doposcuola/i doposcuola* (centro de actividad extraescolar). Sin embargo, se dice *i dopopranzi* (las sobremesas), y no **i dopopranzo*.

Algunas particularidades para utilizar y escribir correctamente los verbos

Verbos auxiliares

En italiano, tanto para indicar la esencia y las cualidades intrínsecas de las personas y las cosas como para denotar las cualidades accidentales de las mismas, se usa siempre el verbo *essere* (ser), mientras que en español se distingue entre *ser*, para el primer caso, y *estar*, para el segundo. Por ejemplo: *Io sono italiano* (Soy italiano); *Io sono in piedi* (Estoy de pie).

El verbo *avere* (haber), además de servir como auxiliar, se usa también para expresar la idea de posesión: *Io ho un libro* (Tengo un libro).

Tanto *essere* como *avere* ejercen de auxiliar con ellos mismos: *Io sono stato* (He sido); *Io ho avuto* (He tenido).

Se conjugan con el auxiliar *essere*:

— la forma pasiva de todos los verbos: *Io sono lodato dai miei genitori* (Soy alabado por mis padres);

— todas las construcciones impersonales y reflexivas: *Si è parlato* (Se ha hablado); *Io mi sono pettinato* (Me he peinado);
— los siguientes verbos intransitivos: *esistere* (existir), *nascere* (nacer), *morire* (morir), *guarire* (curar, sanar), *crescere* (crecer) y similares, así como casi todos los verbos que indican movimiento, como *andare* (ir), *accorrere* (acudir), *cadere* (caer), *fuggire* (huir), *uscire* (salir), *venire* (venir), etc.

Se conjugan con *essere* o *avere* los verbos *appartenere* (pertenecer), *correre* (correr), *dimorare* (habitar, retardar), *vivere* (vivir), *mancare* (faltar), *salire* (subir) y algunos otros.

Se conjugan con el auxiliar *avere*:

— la forma activa de todos los verbos transitivos: *Io ho chiamato Maria* (Llamé a María);
— la siguiente lista que se detalla de verbos intransitivos: *cenare* (cenar), *piangere* (llorar), *digiunare* (ayunar), *dormire* (dormir), *godere* (gozar), *gridare* (gritar), *nuocere* (dañar), *passeggiare* (pasearse), *penetrare* (penetrar), *ridere* (reír), *tacere* (callar), *parlare* (hablar) y similares, así como todos los que indican voces de animales.

En las frases negativas, la 2.ª persona del singular del presente de imperativo se expresa con el presente de infinitivo: *Non avere paura* (No tengas miedo); *Non andare in fretta* (No vayas de prisa).

T'enere, en italiano, significa «tomar, tener puesto, poseer, ocupar, detener, aguantar, sostener», etc.

tenere compagnia	hacer compañía a alguien
tenere d'occhio	vigilar
tenere a battesimo	ser el padrino
tenere la contabilità	llevar la contabilidad
Tieni!	¡Toma!
Questo recipiente tiene 20 litri	En este recipiente caben 20 litros
tenere sulle spalle	llevar a cuestas
Non si potevano tenere dalle risate	No podían contener la risa

Tener que se construye con el verbo *dovere* (deber):

Devo scrivere a mio fratello	(Tengo que escribir a mi hermano).

El verbo *stare* en italiano tiene diversos significados, entre los que se encuentran «quedarse en un lugar, vivir, morar, ser puesto, parar, permanecer...»:

Véanse algunos ejemplos:

Io sto a Genova	Vivo en Génova
Stai attenta	Estate atenta
Sta tranquillo	Está tranquilo
Egli sta sempre al suo posto	Permanece siempre en su puesto
Stai lì	Quédate allí
Sto per uscire	Voy a salir

Tablas de conjugación de algunos verbos

Auxiliares *essere* y *avere*

ESSERE (SER/ESTAR)

Indicativo	
Presente	**Pasado compuesto**
io sono (soy)	*io sono stato/a* (he sido)
tu sei (eres)	*tu sei stato/a* (has sido)
egli è (es)	*egli è stato/a* (ha sido)
noi siamo (somos)	*noi siamo stati/e* (hemos sido)
voi siete (sois)	*voi siete stati/e* (habéis sido)
essi sono (son)	*essi sono stati/e* (han sido)
Imperfecto	**Pluscuamperfecto**
io ero (era)	*io ero stato/a* (había sido)
tu eri (eras)	*tu eri stato/a* (habías sido)
egli era (era)	*egli era stato/a* (había sido)
noi eravamo (éramos)	*noi eravamo stati/e* (habíamos sido)
voi eravate (erais)	*voi eravate stati/e* (habíais sido)
essi erano (eran)	*essi erano stati/e* (habían sido)
Pasado simple	**Pretérito anterior**
io fui (fui)	*io fui stato/a* (hube sido)
tu fosti (fuiste)	*tu fosti stato/a* (hubiste sido)
egli fu (fue)	*egli fu stato/a* (hubo sido)
noi fummo (fuimos)	*noi fummo stati/e* (hubimos sido)
voi foste (fuisteis)	*voi foste stati/e* (hubisteis sido)
essi furono (fueron)	*essi furono stati/e* (hubieron sido)
Futuro simple	**Futuro compuesto**
io sarò (seré)	*io saro stato/a* (habré sido)
tu sarai (serás)	*tusarai stato/a* (habrás sido)
egli sarà (será)	*eglisarà stato/a* (habrá sido)
noi saremo (seremos)	*noi saremo stati/e* (habremos sido)
voi sarete (seréis)	*voi sarete stati/e* (habréis sido)
essi saranno (serán)	*essi saranno stati/e* (habrán sido)

Condicional simple
io sarei (sería)
tu saresti (serías)
egli sarebbe (sería)
noi saremmo (seríamos)
voi sareste (seríais)
essi sarebbero (serían)

Condicional compuesto
io sarei stato/a (habría sido)
tu saresti stato/a (habrías sido)
egli sarebbe stato/a (habría sido)
noi saremmo stati/e
  (habríamos sido)
voi sareste stati/e (habríais sido)
essi sarebbero stati/e
  (habrían sido)

Subjuntivo

Presente
che io sia (sea)
che tu sia (seas)
che egli sia (sea)
che noi siamo (seamos)
che voi siate (seáis)
che essi siano (sean)

Imperfecto
che io fossi (fuera o fuese)
che tu fossi (fueras o fueses)
che egli fosse (fuera o fuese)
che noi fossimo
  (fuéramos o fuésemos)
che voi foste
  (fuerais o fueseis)
che essi fossero (fueran o fuesen)

Pluscuamperfecto
che io fossi stato/a
  (hubiera o hubiese sido)
che tu fossi srato/a
  (hubieras o hubieses sido)
che egli fosse stato/a
  (hubiera o hubiese sido)
che noi fossimo stati/e
  (hubiéramos o hubiésemos sido)
che voi foste stati/e
  (hubierais o hubieseis sido)
che essi fossero stati/e
  (hubieran o hubiesen sido)

Pasado
che io sia stato/a
  (haya sido)
che tu sia stato/a
  (hayas sido)
che egli sia stato/a
  (haya sido)
che noi siamo stati/e
  (hayamos sido)
che voi siate stati/e
  (hayáis sido)
che essi siano stati/e
  (hayan sido)

Imperativo

sii tu (sé [tú])
sia egli (sea)
siamo noi (seamos)
siate voi (sed)
siano essi (sean)

Infinitivo

Presente
essere (ser)

Pasado
essere stato (haber sido)

Participio	Gerundio
Pasado stato, -a, -i, -e (sido)	*Simple* essendo (siendo) *Compuesto* essendo stato (habiendo sido)

AVERE (HABER/TENER)

Indicativo

Presente
io ho (he)
tu hai (has)
egli ha (ha)
noi abbiamo (hemos)
voi avete (habéis)
essi hanno (han)

Pasado compuesto
io ho avuto (he habido)
tu hai avuto (has habido)
egli ha avuto (ha habido)
noi abbiamo avuto (hemos habido)
voi avete avuto (habéis habido)
essi hanno avuto (han habido)

Imperfecto
io avevo (había)
tu avevi (habías)
egli aveva (había)
noi avevamo (habíamos)
voi avevate (habíais)
essi avevano (habían)

Pluscuamperfecto
io avevo avuto (había habido)
tu avevi avuto (habías habido)
egli aveva avuto (había habido)
noi avevamo avuto (habíamos habido)
voi avevate avuto (habíais habido)
essi avevano avuto (habían habido)

Pasado simple
io ebbi (hube)
tu avesti (hubiste)
egli ebbe (hubo)
noi avemmo (hubimos)
voi aveste (hubisteis)
essi ebbero (hubieron)

Pretérito anterior
io ebbi avuto (hube habido)
tu avesti avuto (hubiste habido)
egli ebbe avuto (hubo habido)
noi avemmo avuto (hubimos habido)
voi aveste avuto (hubisteis habido)
essi ebbero avuto (hubieron habido)

Futuro simple
io avró (habré)
tu avrai (habrás)
egli avrà (habrá)
noi avremo (habremos)
voi avrete (habréis)
essi avranno (habrán)

Futuro compuesto
io avró avuto (habré habido)
tu avrai avuto (habrás habido)
egli avrà avuto (habrá habido)
noi avremo avuto (habremos habido)
voi avrete avuto (habréis habido)
essi avranno avuto (habrán habido)

Condicional simple
io avrei (habría)
tu avresti (habrías)
egli avrebbe (habría)
noi avremmo (habríamos)
voi avreste (habríais)
essi avrebbero (habrían)

Condicional compuesto
io avrei avuto (habría habido)
tu avresti avuto (habrías habido)
egli avrebbe avuto
  (habría habido)
noi avremmo avuto
  (habríamos habido)
voi avreste avuto
  (habríais habido)
essi avrebbero avuto
  (habrían habido)

Subjuntivo

Presente
che io abbia (haya)
che tu abbia (hayas)
che egli abbia (haya)
che noi abbiamo (hayamos)
che voi abbiate (hayáis)
che essi abbiano (hayan)

Pasado
che io abbia avuto (haya habido)
che tu abbia avuto
  (hayas habido)
che egli abbia avuto
  (haya habido)
che noi abbiamo avuto
  (hayamos habido)
che voi abbiate avuto
  (hayáis habido)
che essi abbiano avuto
  (hayan habido)

Imperfecto
che io avessi
  (hubiera o hubiese)
che tu avesti
  (hubieras o hubieses)
che egli avesse
  (hubiera o hubiese)
che noi avessimo
  (hubiéramos o hubiésemos)
che voi aveste
  (hubierais o hubieseis)
che essi avessero
  (hubieran o hubiesen)

Pluscuamperfecto
che io avessi avuto
  (hubiera o hubiese habido)
che tu avesti avuto
  (hubieras o hubieses habido)
che egli avesse avuto
  (hubiera o hubiese habido)
che noi avessimo avuto
  (hubiéramos o hubiésemos
  habido)
che voi aveste avuto
  (hubierais o hubieseis habido)
che essi avessero avuto
  (hubieran o hubiesen habido)

Imperativo	Participio
abbi tu (he [tú])	**Presente**
abbia egli (haya)	*avente* (que ha habido)
abbiamo noi (hayamos)	
abbiate voi (habed)	**Pasado**
abbiano essi (hayan)	*avuto* (habido)

Infinitivo	Gerundio
Presente	**Simple**
avere (haber)	*avendo* (habiendo)
Pasado	**Compuesto**
avere avuto (haber habido)	*avendo avuto* (habiendo habido)

Conjugación de los verbos regulares

Las conjugaciones verbales son tres:

— la primera termina en *-are*, como *parlare* (hablar);
— la segunda termina en *-ere*, como *temere* (temer);
— la tercera termina en *-ire*, como *sentire* (sentir).

Primera conjugación

PARLARE (**HABLAR**)

Indicativo	
Presente	**Pasado compuesto**
parlo (hablo)	*ho parlato* (he hablado)
parli (hablas)	*hai parlato* (has hablado)
parla (habla)	*ha parlato* (ha hablado)
parliamo (hablamos)	*abbiamo parlato* (hemos hablado)
parlate (habláis)	*avete parlato* (habéis hablado)
parlano (hablan)	*hanno parlato* (han hablado)

Imperfecto
parlavo (hablaba)
parlavi (hablabas)
parlava (hablaba)
parlavamo (hablábamos)
parlavate (hablabais)
parlavano (hablaban)

Pasado simple
parlai (hablé)
parlasti (hablaste)
parlò (habló)
parlammo (hablamos)
parlaste (hablasteis)
parlarono (hablaron)

Futuro simple
parlerò (hablaré)
parlerai (hablarás)
parlerà (hablará)
parleremo (hablaremos)
parlerete (hablaréis)
parleranno (hablarán)

Condicional simple
parlerei (hablaría)
parleresti (hablarías)
parlerebbe (hablaría)
parleremmo (hablaríamos)
parlereste (hablaríais)
parlerebbero (hablarían)

Pluscuamperfecto
avevo parlato (había hablado)
avevi parlato (habías hablado)
aveva parlato (había hablado)
avevamo parlato
 (habíamos hablado)
avevate parlato
 (habíais hablado)
avevano parlato (habían hablado)

Pretérito anterior
ebbi parlato (hube hablado)
avesti parlato
 (hubiste hablado)
ebbe parlato (hubo hablado)
avemmo parlato (hubimos hablado)
aveste parlato
 (hubisteis hablado)
ebbero parlato
 (hubieron hablado)

Futuro compuesto
avrò parlato (habré hablado)
avrai parlato (habrás hablado)
avrà parlato (habrá hablado)
avremo parlato
 (habremos hablado)
avrete parlato (habréis hablado)
avranno parlato (habrán hablado)

Condicional compuesto
avrei parlato (habría hablado)
avresti parlato
 (habrías hablado)
avrebbe parlato
 (habría hablado)
avremmo parlato
 (habríamos hablado)
avreste parlato
 (habríais hablado)
avrebbero parlato
 (habrían hablado)

Subjuntivo

Presente
che parli (hable)
che parli (hables)
che parli (hable)
che parliamo (hablemos)
che parliate (habléis)
che parlino (hablen)

Pasado
che abbia parlato (haya hablado)
che abbia parlato (hayas hablado)
che abbia parlato (haya hablado)
che abbiamo parlato
 (hayamos hablado)
che abbiate parlato (hayáis hablado)
che abbiano parlato
 (hayan hablado)

Imperfecto
che parlassi (hablara o hablase)
che parlassi (hablaras o hablases)
che parlasse (hablara o hablase)
che parlassimo
 (habláramos o hablásemos)
che parlaste
 (hablarais o hablaseis)
che parlassero
 (hablaran o hablasen)

Pluscuamperfecto
che avessi parlato
 (hubiera o hubiese hablado)
che avessi parlato
 (hubieras o hubieses hablado)
che avesse parlato
 (hubiera o hubiese hablado)
che avessimo parlato
 (hubiéramos o hubiésemos
 hablado)
che aveste parlato
 (hubierais o hubieseis hablado)
che avessero parlato
 (hubieran o hubiesen hablado)

Imperativo | Participio

parla (habla)
parli (hable)
parliamo (hablemos)
parlate (hablad)
parlino (hablen)

Presente
parlante (que habla)

Pasado
parlato (hablado)

Infinitivo | Gerundio

Presente
parlare (hablar)

Pasado
aver parlato (haber hablado)

Simple
parlando (hablando)

Compuesto
avendo parlato
 (habiendo hablado)

Segunda conjugación

Temere (**Temer**)

Indicativo

Presente
temo (temo)
temi (temes)
teme (teme)
temiamo (tememos)
temete (teméis)
temono (temen)

Pasado compuesto
ho temuto (he temido)
hai temuto (has temido)
ha temuto (ha temido)
abbiamo temuto (hemos temido)
avete temuto (habéis temido)
hanno temuto (han temido)

Imperfecto
temevo (temía)
temevi (temías)
temeva (temía)
temevamo (temíamos)
temevate (temíais)
temevano (temían)

Pluscuamperfecto
avevo temuto (había temido)
avevi temuto (habías temido)
aveva temuto (había temido)
avevamo temuto
  (habíamos temido)
avevate temuto (habíais temido)
avevano temuto (habían temido)

Pasado simple
temei, temetti (temí)
temesti (temiste)
temè, temette (temió)
tememmo (temimos)
temeste (temisteis)
temerono, temettero (temieron)

Pretérito anterior
ebbi temuto (hube temido)
avesti temuto (hubiste temido)
ebbe temuto (hubo temido)
avemmo temuto
  (hubimos temido)
aveste temuto (hubisteis temido)
ebbero temuto
  (hubieron temido)

Futuro simple
temerò (temeré)
temerai (temerás)
temerà (temerá)
temeremo (temeremos)
temerete (temeréis)
temeranno (temerán)

Futuro compuesto
avrò temuto (habré temido)
avrai temuto (habrás temido)
avrà temuto (habrá temido)
avremo temuto
  (habremos temido)
avrete temuto
  (habréis temido)
avranno temuto
  (habrán temido)

Condicional simple
temerei (temería)
temeresti (temerías)
temerebbe (temería)
temeremmo (temeríamos)
temereste (temeríais)
temerebbero (temerían)

Condicional compuesto
avrei temuto (habría temido)
avresti temuto (habrías temido)
avrebbe temuto (habría temido)
avremmo temuto (habríamos temido)
avreste temuto (habríais temido)
avrebbero temuto (habrían temido)

Subjuntivo

Presente
che tema (tema)
che tema (temas)
che tema (tema)
che temiamo (temamos)
che temiate (temáis)
che temano (teman)

Pasado
che abbia temuto (haya temido)
che abbia temuto (hayas temido)
che abbia temuto (haya temido)
che abbiamo temuto (hayamos temido)
che abbiate temuto (hayáis temido)
che abbiano temuto (hayan temido)

Imperfecto
che temessi (temiera o temiese)
che temessi
  (temieras o temieses)
che temesse
  (temiera o temiese)
che temessimo
  (temiéramos o temiésemos)
che temeste
  (temiérais o temiéseis)
che temessero
  (temieran o temiesen)

Pluscuamperfecto
che avessi temuto
  (hubiera o hubiese temido)
che avessi temuto
  (hubieras o hubieses temido)
che avesse temuto
  (hubiera o hubiese temido)
che avessimo temuto
  (hubiéramos o hubiésemos temido)
che aveste temuto
  (hubierais o hubieseis temido)
che avessero temuto
  (hubieran o hubiesen temido)

Imperativo

temi (teme)
tema (tema)
temiamo (temamos)
temete (temed)
temano (teman)

Participio

Presente
temente (que teme)

Pasado
temuto (temido)

Infinitivo

Presente
temere (temer)

Pasado
aver temuto (haber temido)

Gerundio

Simple
temendo (temiendo)

Compuesto
avendo temuto (habiendo temido)

Tercera conjugación

Sentire (Sentir)

Indicativo

Presente
sento (siento)
senti (sientes)
sente (siente)
sentiamo (sentimos)
sentite (sentís)
sentono (sienten)

Imperfecto
sentivo (sentía)
sentivi (sentías)
sentiva (sentía)
sentivamo (sentíamos)
sentivate (sentíais)
sentivano (sentían)

Pasado simple
sentii (sentí)
sentisti (sentiste)
sentì (sintió)
sentimmo (sentimos)
sentiste (sentisteis)
sentirono (sintieron)

Futuro simple
sentirò (sentiré)
sentirai (sentirás)
sentirà (sentirá)
sentiremo (sentiremos)
sentirete (sentiréis)
sentiranno (sentirán)

Pasado compuesto
ho sentito (he sentido)
hai sentito (has sentido)
ha sentito (ha sentido)
abbiamo sentito (hemos sentido)
avete sentito (habéis sentido)
hanno sentito (han sentido)

Pluscuamperfecto
avevo sentito (había sentido)
avevi sentito (habías sentido)
aveva sentito (había sentido)
avevamo sentito (habíamos sentido)
avevate sentito (habíais sentido)
avevano sentito (habían sentido)

Pretérito anterior
ebbi sentito (hube sentido)
avesti sentito (hubiste sentido)
ebbe sentito (hubo sentido)
avemmo sentito (hubimos sentido)
aveste sentito (hubisteis sentido)
ebbero sentito (hubieron sentido)

Futuro compuesto
avrò sentito (habré sentido)
avrai sentito (habrás sentido)
avrà sentito (habrá sentido)
avremo sentito
  (habremos sentido)
avrete sentito (habréis sentido)
avranno sentito (habrán sentido)

Condicional simple

sentirei (sentiría)
sentiresti (sentirías)
sentirebbe (sentiría)

sentiremmo (sentiríamos)
sentireste (sentiríais)
sentirebbero (sentirían)

Condicional compuesto

avrei sentito (habría sentido)
avresti sentito (habrías sentido)
avrebbe sentito (habría sentido)

avremmo sentito (habríamos sentido)
avreste sentito (habríais sentido)
avrebbero sentito (habrían sentido)

Subjuntivo

Presente
che senti (sienta)
che senti (sientas)
che senti (sienta)
che sentiamo (sintamos)
che sentiate (sintáis)
che sentiano (sientan)

Imperfecto
che sentissi (sintiera o sintiese)
che sentissi (sintieras o sintieses)
che sentisse (sintiera o sintiese)
che sentissimo
  (sintiéramos o sintiésemos)
che sentiste (sintierais o sintieseis)
che sentissero (sintieran o sintiesen)

Pasado
che abbia sentito (haya sentido)
che abbia sentito (hayas sentido)
che abbia sentito (haya sentido)
che abbiamo sentito (hayamos sentido)
che abbiate sentito (hayáis sentido)
che abbiano sentito (hayan sentido)

Pluscuamperfecto
che avessi sentito
  (hubiera o hubiese sentido)
che avessi sentito
  (hubieras o hubieses sentido)
che avesse sentito
  (hubiera o hubiese sentido)
che avessimo sentito
  (hubiéramos o hubiésemos sentido)
che aveste sentito
  (hubierais o hubieseis sentido)
che avessero sentito
  (hubieran o hubiesen sentido)

Imperativo

senti (siente)
senta (sienta)
sentiamo (sintamos)
sentite (sentid)
sentano (sientan)

Infinitivo

Presente
sentire (sentir)

Pasado
aver sentito (haber sentido)

Gerundio

Simple
sentendo (sintiendo)

Compuesto
avendo sentito (habiendo sentido)

Participio

Presente
sentente, senziente (que siente)

Pasado
sentito (sentido)

Particularidades de la primera conjugación

Los verbos cuya raíz termina en -c o -g mantienen el mismo sonido en toda la conjugación. Para conseguirlo, se inserta una h entre la raíz y las desinencias que comiencen por -e o -i. Ejemplos:

Pregare (rezar)

prego	pregherò
preghi	pregherai
prega	pregherà
preghiamo	pregheremo
pregate	pregherete
pregano	pregheranno

Mancare (faltar)

manco	mancherò
manchi	mancherai
manca, etc.	mancherà, etc.

Los verbos cuya raíz acaba en -ci o -gi pierden la i delante de las desinencias que empiezan por e- o i-.
Ejemplos:

Cominciare (comenzar)

comincio	comincerò
cominci	comincerai
comincia, etc.	comincerà, etc.

Mangiare (comer)

mangio	mangerò
mangi	mangerai
mangia, etc.	mangerà, etc.

En otros verbos cuya raíz finaliza en -*i* se conserva esta *i* delante de las desinencias que comienzan con *i*- cuando en ellas cae el acento, y se suprime cuando son átonas. Así, desaparece en *vegliare* y se conserva en *obliare*.

Vegliare (vigilar)		**Obliare** (olvidar)	
veglio	vegli	oblio	oblii
vegli	vegli	oblii	oblii
veglia	vegh	oblia	oblii
vegliamo	veghamo	obliamo	obliamo
vegliate	vegliate	obliate	obliate
vegliano	veglino	obliano	obiino

Particularidades de la segunda conjugación

En la segunda conjugación, los verbos cuya raíz termina en -c o -g pueden clasificarse en dos grupos, en función de si el infinitivo es llano o esdrújulo. Son pocos los verbos cuyo infinitivo es llano; además, todos son irregulares y mantienen el sonido sonoro, como en el caso de *piacere* (agradar). Los verbos con infinitivo esdrújulo unen a la raíz las diferentes desinencias, por lo que pueden tener un sonido sordo o sonoro, dependiendo de cuál sea la vocal inicial de la desinencia. Ejemplos:

Leggere (leer)			
leggo	leggevo	leggeró	che io legga
leggi	leggevi	leggerai	che tu legga
legge	leggeva	leggerà	che egli legga
leggiamo	leggevamo	leggeremo	che noi leggiamo
leggete	leggevate	leggerete	che vol leggiate
leggono	leggevano	leggeranno	che essi leggano

Los verbos regulares de la segunda conjugación tienen, además de las desinencias -ei, -è, -erono en el pasado simple, otras en -etti, -ette, -ettero:

> temei o temetti
> temè o temette
> temerono o temettero
>
> credei o credetti
> credè o credette
> crederono o credettero

Observación: si la raíz termina en doble t, no se usan nunca las terminaciones en -etti, -ette, -ettero. Así, se dirá: *riflettei, riflettè*, etc., de *riflettere* (reflejar, reflexionar).

Particularidades de la tercera conjugación

Los verbos como *vestire* (vestir), *dormire* (dormir), *partire* (partir), *fuggire* (huir), *cucire* (coser), *sentire* (sentir) y *servire* (servir) añaden directamente al tema las desinencias.

No obstante, la mayor parte de los verbos de la tercera conjugación interponen entre la raíz y la desinencia el sufijo -isc, en la 1.ª, la 2.ª y la 3.ª personas del singular y en la 3.ª del plural de los presentes de indicativo y subjuntivo, así como en la 2.ª y la 3.ª del singular y la 3.ª del plural del imperativo. Son los denominados *verbos incoativos*.

> *Finire* (acabar)

Pres. indicativo	Pres. subjuntivo	Imperativo
finisco	finisca	
finisci	finisca	finisci
finisce	finisca	finisca
finiamo	finiamo	finiamo
finite	finiate	finite
finiscono	finiscano	finiscano

Otros verbos adoptan las dos formas, la simple y la incoativa, como por ejemplo:

languire (languidecer): *languo/languisco*
inghiottire (engullir): *inghiotto/inghiottisco*

Verbos regulares de uso común

arrivare (llegar)
battere (pegar)
camminare (andar)
cominciare (comenzar)
concepire (concebir)
credere (creer)
cucire (coser)
decidere (decidir)
desiderare (desear)
dimenticare (olvidar)
dipingere (pintar)
dormire (dormir)
entrare (entrar)
finire (terminar)
fiorire (florecer)
fuggire (huir)
godere (gozar)
guardare (mirar)
intuire (intuir)

lasciare (dejar)
leggere (leer)
mangiare (comer)
mentire (mentir)
obbedire (obedecer)
ordinare (pedir)
parlare (hablar)
partire (partir)
pensare (pensar)
pulire (limpiar)
rapire (arrebatar)
ricevere (recibir)
scrivere (escribir)
sepellire (enterrar)
sognare (soñar)
sveghàre (despertar)
tradire (traicionar)
vestire (vestir)

Verbos irregulares

Verbos irregulares de la primera conjugación

Son cuatro: *andare* (ir), *dare* (dar), *fare* (hacer), *stare* (estar). Estos verbos son irregulares en los tiempos que a continuación indicamos; los demás tiempos se conjugan como el verbo *parlare*.

ANDARE (IR)
Presente de indicativo: vado, vai, va, andiamo, andate, vanno.
Futuro simple: andrò, andrai, andrà, andremo, andrete, andranno.
Imperativo: va', vada, andiamo, andate, vadano.
Presente de subjuntivo: vada, vada, vada, andiamo, andiate, vadano.
Condicional simple: andrei, andresti, andrebbe, andremmo, andreste, andrebbero.
Infinitivo presente: andare.
Infinitivo pasado: essere andato.
Gerundio simple: andando.
Gerundio compuesto: essendo andato.
Participio presente: andante.
Participio pasado: andato.

DARE (DAR)
Presente de indicativo: do, dai, dá, diamo, date, danno.
Pasado simple: diedi, desti, diede, demmo, deste, diedero o detti, desti, dette, demmo, deste, dettero.
Imperativo: dá, dia, diamo, date, diano.
Presente de subjuntivo: dia, dia, dia, diamo, diate, diano.
Imperfecto de subjuntivo: dessi, dessi, desse, dessimo, deste, dessero.
Infinitivo pasado: aver dato.
Participio pasado: dato.
Gerundio simple: dando.

FARE (HACER)
Presente de indicativo: faccio, fai, fa, facciamo, fate, fanno.
Imperfecto de indicativo: facevo, facevi, faceva, facevamo, facevate, facevano.
Pasado simple: feci, facesti, fece, facemmo, faceste, fecero.
Imperativo: fa', faccia, facciamo, fate, facciano.
Presente de subjuntivo: faccia, faccia, faccia, facciamo, facciate, facciano.
Participio presente: facente.
Participio pasado: fatto.
Gerundio: facendo.

STARE (ESTAR)
Presente de indicativo: sto, stai, sta, stiamo, state, stanno.
Pasado simple: stetti, stesti, stette, stemmo, steste, stettero.
Imperativo: sta', stia, stiamo, state, stiano.

Presente de subjuntivo: *stia, stia, stia, stiamo, stiate, stiano.*
Imperfecto de subjuntivo: *stessi, stessi, stess, stessimo, steste, stessero.*
Participio presente: *stante.*
Participio pasado: *stato.*
Gerundio: *stando.*

Verbos irregulares de la segunda conjugación

Bere (Beber)
Presente de indicativo: *bevo, bevi, beve, beviamo, bevete, bevono.*
Pasado simple: *bevví (bevei o bevetti), bevesti, bevve (bevé o bevette), bevemmo, beveste, bevvero (beverono o bevettero).*
Futuro simple: *berró (beveró), berrai (beveràì), berrà (beverà), berremo (beveremo), berrete (beverete), berranno (beveranno).*
Imperativo: *bevi, beva, beviamo, bevete, bevano.*
Presente de subjuntivo: *beva, beva, beva, beviamo, beviate, bevano.*
Condicional simple: *berrei (beverei), berresti (beveresti), berrebbe (beverebbe), etc.*
Participio pasado: *bevuto.*
Gerundio: *bevendo.*

Cogliere (Coger)
Presente de indicativo: *colgo, cogli, coglie, cogliamo, cogliete, colgono.*
Pasado simple: *colsi, cogliesti, colse, cogliemmo, cogheste, colsero.*
Imperativo: *cogli, colga, cogliamo, cogliete, colgano.*
Presente de subjuntivo: *colga, colga, colga, cogliamo, cogliate, colgano.*
Gerundio: *cogliendo.*
Participio pasado: *colto.*

Cuocere (Cocer)
Presente de indicativo: *cuocio, cuoci, cuoce, cociamo, cocete, cuociono.*
Imperfecto: *cocevo, cocevi, coceva, etc.*
Pasado simple: *cossi, cocesti, cosse, cocemmo, coceste, cossero.*
Futuro simple: *cocerò, cocerai, cocerà, etc.*
Imperativo: *cuoci, cuocia, cociamo, cocete, cuociano.*
Presente de subjuntivo: *cuocia, cuocia, ctlocia, cociamo, cociate, cuociano.*
Imperfecto de subjuntivo: *cocessi, cocessi, cocesse, etc.*
Condicional simple: *cocerei, coceresti, coeerebbe, etc.*
Participio pasado: *cotto.*

DOVERE (DEBER)

Cambia la o en e cuando la primera sílaba lleva acento.

Presente de indicativo: *devo (debbo), devi, deve, dobbiamo, dovete, devono (debbono).*
Pasado simple: *dovei (dovetti), dovesti, dovette, dovemmo, doveste, dovettero.*
Futuro simple: *dovrò, dovrai, dovrà,* etc.
Presente de subjuntivo: *deva (debba),* etc.
Imperfecto de subjuntivo: *dovessi,* etc.
Condicional simple: *dovrei,* etc.
Participio pasado: *dovuto.*

NUOCERE (PERJUDICAR)

Este verbo, al igual que todos los que acaban en -*uotere* y -*uovere*, pierde la *u* en el pasado simple, y cuando existe el diptongo *uo*, pierde el acento tónico. Siguen la misma regla los verbos *cuocere* (cocer), *percuotere* (percutir), *riscuotere* (cobrar) y *scuotere* (sacudir).

Presente de indicativo: *noccio, nuoci, nuoce, nociamo, nocete, nocciono.*
Imperfecto: *nocevo, nocevi, noceva,* etc.
Pasado simple: *nocqui, nocesti, nocque, nocemmo, noceste, nocquero.*
Futuro simple: *nocerò, nocerai, nocerà,* etc.
Imperativo: *nuoci, noccia, nociamo, nocete, nocciano.*
Presente de subjuntivo: *noccia, noccia, noccia, nociamo, nociate, nocciano.*
Imperfecto de subjuntivo: *nocessi, nocessi, nocesse,* etc.
Participio pasado: *nociuto.*

PORRE (PONER)

Presente de indicativo: *pongo, poni, pone, poniamo, ponete, pongono.*
Imperfecto de indicativo: *ponevo, ponevi, poneva,* etc.
Pasado simple: *posi, ponesti, pose, ponemmo, poneste, posero.*
Futuro simple: *porrò, porrai, porrò,* etc.
Imperativo: *poni, ponga, poniamo, ponete, pongano.*
Presente de subjuntivo: *ponga, ponga, ponga, poniano, pomate, pongano.*
Imperfecto de subjuntivo: *ponessi, ponessi, ponesse,* etc.
Condicional simple: *porrei, porresti, porrebbe,* etc.
Participio pasado: *posto.*

Potere (Poder)
Presente de indicativo: *posso, puoi, può, possiamo, potete, possono.*
Futuro simple: *potrò, potrai, potrà, potremo, potrete, potranno.*
Presente de subjuntivo: *possa, possa, possa, possiamo, possiate, possano.*
Participio pasado: *potuto.*

Sapere (Saber)
Presente de indicativo: *so, sai, sa, sappiamo, sapete, sanno.*
Pasado simple: *seppi, sapesa, seppe, sapemmo, sapeste, seppero.*
Futuro simple: *saprò, saprai, saprà, sapremo, saprete, sapranno.*
Imperativo: *sappi, sappia, sappiamo, sappiate, sapptano.*
Presente de subjuntivo: *sappia, sappia, sappia, sappiamo, sappiate, sappiano.*
Participio pasado: *saputo.*

Scegliere (Escoger)
Presente de indicativo: *scelgo, scegli, sceglie, scegliamo, scegliete, scelgono.*
Pasado simple: *scelsi, scegliesti, scelse, scegliemmo, sceglieste, scelsero.*
Imperativo: *scegli, scelga, scegliamo, scelliete, scelgano.*
Presente de subjuntivo: *scelga, scella, scelga, sceghamo, scegliate, scelgano.*
Participio pasado: *scelto.*

Tenere (Tener)
Presente de indicativo: *tengo, tieni, tiene, teniamo, tenete, tengono.*
Pasado simple: *tenni, tenesti, tenne, tenemmo, teneste, tennero.*
Futuro simple: *terrò, terrai, terrà, terremo, terrete, terranno.*
Imperativo: *tieni, tenga, teniamo, tenete, tengano.*
Presente de subjuntivo: *tenga, tenga, tenga, teniamo, teniate, tengano.*
Condicional simple: *terrei, terresti, terrebbe, terremmo, terreste, terrebbero.*
Participio pasado: *tenuto.*

Vedere (Ver)
Presente de indicativo: *vedo, vedi, vede, vediamo, vedete, vedono.*
Pasado simple: *vidi, vedesti, vide, vedemmo, vedeste, videro.*
Futuro simple: *vedrò, vedrai, vedrà, vedremo, vedrete, vedranno.*
Imperativo: *vedi, veda, vediamo, vedete, vedano.*
Presente de subjuntivo: *veda, veda, veda, vediamo, vediate, vedano.*
Condicional simple: *vedrei, vedresti, vedrebbe,* etc.
Participio pasado: *veduto (visto).*

VOLERE (QUERER, DESEAR UNA COSA)
Presente de indicativo: *voglio, vuoi, vuole, vogliamo, volete, vogliono.*
Pasado simple: *volli, volesti, volle, volemmo, voleste, vollero.*
Futuro simple: *vorrò, vorrai, vorrà, vorremo, vorrete, vorranno.*
Imperativo: *vogli, voglia, vogliamo, volete, vogliano.*
Presente de subjuntivo: *voglia, voglia, voglia, vogliamo, vogliate, vogliano.*
Condicional simple: *vorrei, vorresti, vorrebbe, vorremmo, etc.*
Participio pasado: *voluto.*

VERBOS QUE SON IRREGULARES EN EL PARTICIPIO PASADO

assistere (asistir): *assistito*

consistere (consistir): *consistito*

esigere (exigir): *esatto*

esistere (existir): *esistito*

insistere (insistir): *insistito*

redigere (redactar): *redatto*

scindere (separar, dividir): *scisso*

morire (morir): *morto*

Muchos verbos de la segunda conjugación son irregulares solamente en la 1.ª y 3.ª personas del singular y en la 3.ª del plural del pasado simple y en el participio pasado:

Infinitivo	*Pasado simple*	*Participio pasado*
accendere (encender)	*accesi, accese, accesero*	*acceso*
accludere (incluir)	*acclusi, accluse, acclusero*	*accluso*
alludere (aludir)	*allusi, alluse, allusero*	*álluso*
ardere (arder)	*arsi, arse, arsero*	*arso*
assumere (asumir)	*assunsi, assunse, assunsero*	*assunto*
chiedere (pedir)	*chiesi, chiese, chiesero*	*chiesto*
chiudere (cerrar)	*chiusi, chiuse, chiusero*	*chiuso*
confondere (confundir)	*confusi, confuse, confusero*	*confuso*
correre (correr)	*corsi, corse, corsero*	*corso*
disperdere (dispersar)	*dispersi, disperse, dispersero*	*disperso*
dissuadere (disuadir)	*dissuasi, dissuase, dissuasero*	*dissuaso*

Infinitivo	Pasado simple	Participio pasado
distinguere (distinguir)	distinsi, distinse, distinsero	distinto
erigere (erigir)	eressi, eresse, eressero	eretto
espellere (expulsar)	espulsi, espulse, espulsero	espulso
incidere (grabar)	incisi, incise, incisero	inciso
incutere (infundir)	ineussi, incusse, incussero	incusso
invadere (invadir)	invasi, invase, invasero	invaso
mettere (poner)	misi, mise, misero	messo
mordere (morder)	morsi, morse, morsero	morso
muovere (mover)	mossi, mosse, mossero	mosso
nascondcre (esconder)	nascosi, nascose, nascosero	nascosto
porgere (pasar, alargar)	porsi, porse, porsero	porto
pungere (picar, pinchar)	punsi, punse, punsero	punto
reggere (regir)	ressi, resse, ressero	retto
rodere (roer)	rosi, rose, rosero	roso
rompere (romper)	ruppi, ruppe, ruppero	rotto
scuotere (sacudir)	scossi, scosse, scossero	scosso
scorgere (divisar, distinguir)	scorsi, scorse, scorsero	scorto
spargere (esparcir)	sparsi, sparse, sparsero	sparso
stringere (estrechar)	strinsi, strinse, strinsero	stretto
struggere (derretir)	strussi, strusse, strussero	strutto
tergere (limpiar)	tersi, terse, tersero	terso
uccidere (matar)	uccisi, uccise, uccisero	ucciso
ungere (ungir, untar)	unsi, unse, unsero	unto
vincere (vencer)	vinsi, vinse, vinsero	vinto
vivere (vivir)	vissi, visse, vissero	vissuto
volgere (volver)	volsi, volse, volsero	volto

Verbos irregulares de la tercera conjugación

APPARIRE (**APARECER**)
Presente de indicativo: a*ppaio, aparisci, appare, appariamo, apparite, appariscono (appaiono).*
Pasado simple: *appaii (apparvi, apparsi), apparisti, apparve (apparse), apparimmo, appariste, apparvero (apparsero).*
Imperativo: *apparisci, apparva (appaia), appariamo, apparite, appariscano (appaiano).*
Presente de subjuntivo: *apparisca (appaia), apparisca, apparisca, appariamo, appanate, appanscano.*
Participio pasado: *apparso.*

A*PRIRE* (A**BRIR**)
Pasado simple: *aprii, apristi, aprí, aprimmo, apriste, aprirono.*
Participio pasado: *aperto.*

A*SSALIRE* (A**SALTAR**)
Presente de indicativo: *assalgo, assali, assale, assaliamo, assalite, assalgono.*
Pasado simple: *assalii, assalisti, assalí, assalimmo, assaliste, assalirono.*
Participio pasado: *assalito.*

C*OSTRUIRE* (C**ONSTRUIR**)
Pasado simple: *costruii, costruisti, costruí,* etc.
Participio pasado: *costruito.*

D*IRE* (D**ECIR**)
Presente de indicativo: *dico, dici, dice, diciamo, dite, dicono.*
Imperfecto: *dicevo, dicevi, diceva, dicevamo, dicevate, dicevano.*
Pasado simple: *dissi, dicesti, disse, dicemmo, diceste, dissero.*
Futuro simple: *dirò, dirai, dirá, diremo, direte, diranno.*
Imperativo: *di', dica, diciamo, dite, dicano.*
Presente de subjuntivo: *dica, dica, dica, diciamo, diciate, dicano.*
Imperfecto de subjuntivo: *dicessi, dicessi, dicesse, dicessïmo, diceste, dicessero.*
Condicional simple: *direi, diresti, direbbe,* etc.
Participio pasado: *detto.*

M*ORIRE* (M**ORIR**)
Presente de indicativo: *muoio, muori, muore, moriamo, monte, muoiono.*
Futuro simple: *morirò o morrò,* etc.
Imperativo: *muori, muoia, moriamo, morite, muoiano.*
Presente de subjuntivo: *muoia, muoia, muoia, moriamo, moriate, muoiano.*
Participio pasado: *morto.*

S*ALIRE* (S**UBIR**)
Presente de indicativo: *salgo, sali, sale, saliamo, salite, salgono.*
Imperativo: *sali, salga, saliamo, salite, salgano.*
Presente de subjuntivo: *salga, salga, salga, saliamo, saliate, salgano.*
Participio pasado: *salito.*

UDIRE (OÍR)
Presente de indicativo: *odo, odi, ode, udiamo, udite, odono.*
Imperativo: *odi, oda, udiamo, udite, odano.*
Presente de subjuntivo: *oda, oda, oda, udiamo, udiate, odano.*
Participio pasado: *udito.*

USCIRE (SALIR)
Presente de indicativo: *esco, esci, esce, usciamo, uscite, escono.*
Imperativo: *esci, esca, usciamo, uscite, escano.*
Presente de subjuntivo: *esca, esca, esca, usciamo, usciate, escano.*
Participio pasado: *uscito.*

VENIRE (VENIR)
Presente de indicativo: *vengo, vieni, viene, veniamo, venite, vengono.*
Pasado simple: *venni, venisti, venne, venimmo, veniste, vennero.*
Futuro simple: *verrò, verrai, verrà, verremo, verrete, verranno.*
Imperativo: *vieni, venga, veniamo, venite, vengano.*
Presente de subjuntivo: *venga, venga, venga, veniamo, verilate, vengano.*
Condicional simple: *verrei, verresti, verrebbe, verremmo, verreste, verrebbero.*
Participio pasado: *venuto.*

Consejos para llegar a escribir correctamente

En este capítulo ofreceremos una serie de pautas para usar el lenguaje hablado y escrito de una manera correcta y eficaz.

Además de utilizar el diccionario y estudiar las normas gramaticales, conviene leer las grandes obras de la literatura y examinar cómo se maneja el lenguaje en ellas.

Un ejercicio muy útil para adquirir dominio del lenguaje es la traducción. Trasladar situaciones, pensamientos o estados de ánimo de un idioma a otro nos hace ser conscientes del valor de las palabras que durante años hemos estado usando sin darles mayor importancia.

Otro ejercicio interesante consiste en escribir de un tirón una página sobre algo que nos haya llamado la atención, y procurar describirlo con nuestras palabras, como si se lo contáramos tranquilamente a un amigo. Es muy importante tener siempre presente al «público», ese alguien a quien está destinado el escrito, una persona a la que conocemos bien y a la que nos resulta fácil dirigirnos. No debemos olvidar esta sencilla norma: se escribe siempre para alguien, para una persona como nosotros, que piensa, habla y siente como nosotros. Nuestra prosa, cuanto más clara, limpia y adecuada sea a la forma de pensar del lector, más eficaz resultará.

En definitiva, debemos expresarnos con claridad y sin perder nunca de vista el objetivo que nos proponemos alcanzar.

Al organizar un texto hay que recordar el siguiente esquema:

— definir claramente los objetivos;
— elegir las ideas y los detalles;
— expresar las ideas fundamentales y las conclusiones con claridad, concisión y corrección gramatical.

Una vez confeccionado el esquema, intentaremos verter las ideas en él sin preocuparnos demasiado por el estilo, procurando por encima de todo expresar todo lo que queremos decir.

A continuación, pasaremos a la segunda fase, que podemos llamar *de repaso*. En primer lugar, comprobaremos que nuestro escrito se ajusta al esquema que hemos trazado previamente, y, si es necesario, efectuaremos las correcciones pertinentes. Debemos vigilar, sobre todo, que la idea central, que constituye el motivo del escrito, esté expuesta claramente.

Cuando estemos seguros de que el redactado es claro y de que las ideas que queríamos exponer están bien presentadas, nos preocuparemos por el lenguaje. Esto no sólo significa repasar los posibles errores, de contenido o gramaticales, sino también ver si es posible mejorar la exposición.

El abuso de superlativos es una de las incorrecciones más antipáticas.

Tampoco conviene recurrir a las frases hechas y expresiones convencionales muy manidas: «Es para mí un honor y motivo de honda satisfacción...»; «Tengo la firme convicción de poder afirmar, sin temor a equivocarme...». Ya nadie cree en estos tópicos, es más, el mero hecho de emplearlos levanta automáticamente la sospecha de falta de sinceridad.

Las repeticiones carecen de utilidad: «Como dije antes...»; «Y no me cansaré de repetir una vez más que...». No, no repitamos. Si queremos destacar una idea, nos reafirmaremos en ella tranquilamente, sin que parezca que nos excusamos por ello. Insistiremos claramente en la idea que nos interesa, sin necesidad de unirla al discurso con construcciones del tipo: «Como dije antes...».

Las expresiones de falsa modestia son otro elemento que debemos evitar. Nunca diremos: «Creo que estoy en condiciones de poder afirmar que...»; «Naturalmente, esta es sólo mi opinión», y cosas por el estilo. Es evidente que se trata de nuestra opinión, por la sencilla razón de que somos nosotros quienes estamos hablando.

En resumen, el texto debe estar guiado por la simplicidad. Una regla de oro para escribir, que nos ayudará mucho en más de una ocasión, es usar oraciones cortas. Cuando una oración empieza a dar síntomas de desmoronarse bajo su propio peso, ¡pongamos un punto! La oración breve es el mejor medio para expresarse con corrección y eficacia.

Una buena manera de repasar un texto, una vez hayamos acabado de redactarlo, es aparcarlo y dejar de pensar en él. Después de un tiempo de distanciamiento, lo leeremos de nuevo, preferiblemente en voz alta, como si fuera otra persona quien lo leyera.

Este truco resulta infalible, ya que un oído mínimamente sensible capta de inmediato las expresiones turbias, erróneas, imprecisas, disonantes, y luego sólo tendremos que corregirlas.

Escribir es, y ha sido siempre, una cuestión de hábito, de práctica, de voluntad. El músico trabaja toda su vida cultivando su instinto y educando su sentido musical. Lo mismo debe hacer quien escribe. «El estilo es todo», dijo Flaubert; pero sobre todo es paciencia, es práctica, es sudor.

www.ingramcontent.com/pod-product-compliance
Lightning Source LLC
Chambersburg PA
CBHW060209050426
42446CB00013B/3034